Transférer les compétences

Groupe Eyrolles
61, bd Saint-Germain
75240 Paris Cedex 05

www.editions-eyrolles.com

Robert DIEZ
Laurence SARTON

Transférer
les compétences

Comment éviter
les pertes de compétences stratégiques

EYROLLES

« Partagez votre savoir.
C'est une manière d'atteindre l'immortalité. »
Dalaï-Lama

Sommaire

Chapitre 2

Les objectifs d'un diagnostic d'opportunité

Chapitre 3

Mesurer les enjeux du transfert

Chapitre 4

Mobiliser les principaux acteurs

Préambule

Du banc de béton aux honneurs de la République

En 2005, le directeur de l'usine KP1[1] de Pujaut, dans le Gard, faisait part de ses difficultés à mettre en place de nouveaux process de fabrication au sein de son site de production. Voici comment il analyse *a posteriori* le problème, qu'il avait présenté à l'époque de manière moins évidente :

« *Les anciens étaient perturbés par le bond technologique, et tout particulièrement par l'arrivée de commandes numériques. De leur côté, les jeunes ouvriers avaient du mal à atteindre nos critères de qualité et de productivité, qui reposent en grande partie sur le savoir-faire individuel.*

1. KP1, qui compte 19 usines et 1 400 salariés en France, 2 usines en Pologne et un bureau d'études en Tunisie, est leader sur le marché de la fabrication et de la commercialisation d'éléments en béton précontraints utilisés dans le secteur de la construction (maisons individuelles, bureaux, logements collectifs, bâtiments industriels).

Le cabinet Itaque, alors en charge du projet expérimental « Compétences quinqua[1] », dont l'objectif était de développer et d'accompagner des actions favorisant le maintien dans l'emploi des seniors et le renforcement des collaborations intergénérationnelles, est entré en contact avec l'entreprise à ce moment-là.

Assez vite, les échanges avec le directeur d'usine ont permis de comprendre le sens de la démarche à conduire : s'appuyer sur des coopérations intergénérationnelles pour réussir l'acquisition par tous des compétences utiles à la mise en place du nouveau process de production et favoriser des transferts de compétences entre les uns et les autres. Mais le contenu de la démarche restait à inventer.

Le DRH de KP1, Michel Nardone, se souvient lui aussi des origines de la première opération de transfert :

> *Nous avions un réel besoin de transfert de compétences sur le site. Mais, évidemment, à l'époque on ne parlait pas de transfert. On avait identifié une problématique, avec des personnels chevronnés d'un côté, qui allaient partir dans les deux ans, et des évolutions technologiques fortes. Deux éléments qui nous ont amenés à réfléchir au comment faire : comment garder le tour de main ? comment faire en sorte que les anciens s'adaptent aux nouvelles technologies ?*
>
> *Naturellement, les nouveaux arrivants étaient formés sur leur poste de travail, mais la transmission du savoir-faire n'était pas optimisée.*
>
> *C'est Robert Diez qui nous a dit : « Il faut transférer des compétences. » Mais on ne savait pas du tout comment cela pouvait être possible. **Cela paraît extrêmement simple aujourd'hui !***

---

1. « Compétences quinqua » : projet financé par le Fonds social européen dans le cadre du programme EQUAL.

L'observation des situations de travail et l'écoute des opérateurs ont permis d'identifier un certain nombre d'éléments caractéristiques.

Les opérateurs agissent plus « par instinct » qu'en appliquant des règles ou des modes de fabrication prescrits. Ils possèdent donc des compétences non formalisées, et souvent non reconnues, mais cependant réellement stratégiques dans l'entreprise pour la gestion du béton et la fabrication des poutrelles.

Seul un petit nombre d'opérateurs chevronnés maîtrise ces compétences indispensables à la qualité de la fabrication, et certains ne disposent que d'une faible maîtrise de la langue française : il est notamment impossible de leur demander de verbaliser leurs pratiques, et donc de formaliser avec eux les compétences qu'ils détiennent.

Dans ce contexte, il est apparu qu'aucune des stratégies pédagogiques habituelles ne pouvait répondre efficacement aux caractéristiques de la situation rencontrée, et qu'il convenait par conséquent d'innover.

Pour imaginer, puis proposer un dispositif susceptible de résoudre le problème posé par l'entreprise, nous avons puisé dans notre savoir-faire et dans notre expérience de conseil en gestion des compétences et en ingénierie de formation.

En concertation étroite avec le directeur d'usine et le responsable de production, nous avons retenu plusieurs principes et méthodes d'action :

- identifier et choisir les compétences à partager ;
- ne pas mettre les opérateurs en difficulté ;
- utiliser la situation de travail comme situation d'apprentissage ;
- accompagner et évaluer le dispositif de transfert de compétences.

Il s'agissait là de notre premier dispositif de « transfert de compétences[1] ». Il a dans un premier temps concerné six personnes (deux salariés expérimentés et quatre salariés en situation d'apprentissage), et a été conduit sur trois mois.

L'expérimentation s'est faite en situation de production « normale », mais avec l'objectif de « partager et échanger sur les façons de faire » entre deux salariés affectés à un même hall de production.

La dimension d'échanges croisés de compétences est une des grandes réussites de cette première opération. Elle est ainsi présentée par le DRH de KP1 :

> *Celui qui transmet va aussi recevoir ; on a pu aussi développer le savoir-faire des plus anciens et ainsi favoriser la protection de leur emploi. Les actions de transfert ont été associées au plan senior.*
>
> *On transmet au moyen de cette opération de transfert un message très valorisant aux salariés seniors : on a besoin de vous et vous pouvez encore changer de métier.*

Sans oublier la valeur du don entre personnes en charge de la poursuite d'un métier, et d'une activité :

> *C'est extrêmement noble d'avoir quelque chose à donner... Les gens qui ont transmis du savoir-faire, ils en sont vraiment fiers.*

A posteriori, le directeur du site, Philippe Gensana, évalue ainsi l'expérimentation lancée dans ses ateliers :

> *La première innovation a été de dédier un atelier de fabrication à cette démarche pour sortir nos opérateurs de leur quotidien et leur permettre d'échanger leur savoir-faire en condition réelle de*

---

1. Le « Transfert de compétences® » est une marque déposée par le cabinet Itaque auprès de l'Inpi (Institut national de la propriété industrielle).

production. Les seniors, sélectionnés sur la compétence et la moti-
vation, ont apporté leur tour de main et leur expérience du béton
et de la précontrainte. De leur côté, les jeunes générations ont
amené leur maîtrise et leur connaissance intuitive de l'informati-
que. Ce banc de production école nous a également permis
d'améliorer le fonctionnement et l'ergonomie des postes afin de
réduire la pénibilité du travail.

L'étude ultérieure du dispositif par l'Anact (Agence nationale pour
l'amélioration des conditions de travail)[1] et la décision du DRH du
groupe KP1 d'étendre cette démarche à l'ensemble du groupe nous
ont convaincus de l'intérêt de ce type d'action et encouragés à diffuser plus largement la démarche conçue et mise en œuvre à cette occasion.

« *Notre démarche de transmission des savoir-faire est un véritable*
succès, se réjouit Michel Nardone. Elle permet déjà de pérenni-
ser les compétences liées au tour de main et à l'expérience non for-
malisable, qui sont vitales pour l'entreprise. Elle valorise et
dynamise, ensuite, la fin de carrière de nos collaborateurs. Ils sont
les porteurs de la culture de l'entreprise. Faciliter leur adaptation
aux évolutions de leurs métiers est pour nous une priorité car
nous n'avons jamais eu une politique d'incitation au départ anti-
cipé des salariés. Enfin, elle installe au quotidien un état d'esprit
de partage et de dialogue entre tous, fondamental à la qualité de
vie au travail.

Rapidement l'expérience KP1 a servi de référence au dispositif de
« transfert des savoir-faire de l'expérience » (TSE) proposé par Forcemat (l'organisme collecteur agréé des matériaux pour la construction
et l'industrie) à ses adhérents en collaboration avec Itaque. Nous

---

1. ASTIER Philippe, CONJARD Patrick, DEVIN Bernard, OLRY Paul, *et al.*, *Acquérir et*
   transmettre des compétences, une étude conduite auprès de dix entreprises, Éditions de
   l'Anact, collection « Études et documents », 2006, p. 17-18.

avons par la suite mis en place des démarches similaires dans de nombreuses branches professionnelles, entreprises ou groupes d'entreprises (Imerys, Lafarge Plâtres, Kraft LU, Unifrax France, Terreal…).

En mai 2008, une visite du président de la République au site KP1 de Pujaut a consacré la reconnaissance de cette innovation en matière de gestion des ressources humaines. En effet, l'entreprise a été remarquée par l'Élysée et le ministère du Travail pour avoir mis en place des actions exemplaires en direction des seniors.

Le Groupe KP1 a été choisi par l'Élysée pour l'exemplarité de sa démarche « seniors ».

« La visite du site industriel de Pujaut s'inscrit dans le cadre de ce déplacement présidentiel ayant pour thème "l'emploi des seniors". Ce choix de la présidence de la République souligne l'engagement et l'expérience de KP1 dans une démarche de "transfert des savoir-faire de l'expérience" et, d'une manière plus générale, de l'emploi des seniors à travers une politique de recrutement dynamique, privilégiant la motivation et la mixité des âges.

Vingt-cinq collaborateurs sur le site de Pujaut ont été ou sont concernés par cette démarche transversale privilégiant la transmission entre les générations. Une réponse efficace a été ainsi apportée aux difficultés de recrutement mais aussi à la nécessité de conserver le tour de main et l'expérience des collaborateurs KP1.

Devant son succès, tant sur le plan de la pérennisation des compétences que sur celui de la valorisation des seniors, cette démarche se déploie désormais sur les autres sites et concerne à ce jour 100 collaborateurs en France.[1] »

---

1. le marchedesseniors.com

À travers cet ouvrage, nous avons voulu partager les enseignements de notre expérience de conseil en gestion des compétences, et plus particulièrement de celle acquise dans l'« accompagnement » de dispositifs de transfert de compétences.

Les responsables d'entreprises ou d'institutions, tout comme les responsables des ressources humaines, y trouveront des éléments de réflexion et d'analyse qui leur permettront de mesurer l'intérêt du transfert de compétences et la place qu'il peut prendre dans la gestion de leurs ressources humaines.

Les consultants, comme les entreprises, trouveront dans la présentation des outils utilisés et la description d'actions conduites des éléments pour guider la mise en œuvre ou l'accompagnement de dispositifs de transfert.

PARTIE 1

Le transfert de compétences pourquoi ?

Les succès limités des démarches de gestion prévisionnelle des emplois et des compétences (GPEC)

LA DIFFUSION DE LA NOTION DE COMPÉTENCES POUR QUELS PROGRÈS ?

Les ambitions des démarches compétences expliquent à la fois leur succès et leur « relatif » échec

Les démarches métiers fondées sur l'identification et la mise en valeur des compétences spécifiques à chaque sphère d'activité professionnelle sont apparues dans le milieu des années 1980, puis elles se sont très largement diffusées dans les années 1990. Leur succès s'observe notamment au travers de la signature de nombreux accords d'entreprise visant à mettre en place des plans de GPEC : gestion prévisionnelle des emplois et des compétences.

La gestion prévisionnelle des emplois et des compétences est un outil de pilotage des ressources humaines, elle prend la forme d'études ou de réflexions par lesquelles une organisation cherche à identifier :

- les principaux facteurs (internes et/ou externes) qui, à court, moyen et/ou long terme, auront une influence sur ses emplois et ses compétences ;
- le type d'évolution (quantitative ou qualitative) qu'il faudra gérer ;
- les emplois, les compétences, les populations qui seront affectés par des transformations.

Concrètement, cela revient à :

- anticiper et planifier des actions de recrutement ou de redéploiement afin de faire face aux besoins en effectifs générés par l'évolution de l'activité et de la démographie ;
- organiser et animer un dispositif de formation adapté dans sa forme et dans son contenu à la stratégie à moyen terme et aux potentiels des salariés ;
- piloter une véritable gestion des compétences en aménageant et en rendant effectives le moment venu des évolutions de carrière pour les différentes catégories de salariés.

Progressivement, des financements publics sont venus encourager le développement de ces nouvelles réflexions et pratiques de GRH (gestion des ressources humaines) dans les entreprises, notamment *via* les fonds sociaux européens, des financements nationaux ou régionaux… Aujourd'hui encore, les dispositifs de description et de gestion des compétences foisonnent dans des contextes variés, à l'initiative des employeurs ou des individus (bilans de compétences et autres formules d'évaluation des compétences…).

L'Administration tente elle aussi, depuis peu, de s'inscrire dans ce mouvement. Le ministère de la Fonction publique incite pour sa part l'ensemble des ministères à mettre en place de telles démarches depuis une dizaine d'années – cf. la création du RIME (répertoire interministériel des métiers de l'État) et la publication des autres guides d'élaboration d'une démarche GPEC ou GPRH (gestion prévisionnelle des ressources humaines) –, et ce malgré la faible cohérence de ces méthodes avec une administration et une gestion statutaire des carrières organisées par « corps ». Si l'administration d'État dispose désormais de référentiels exhaustifs, et actualisés, leur usage est limité et n'a pas franchi la frontière de la marginalité. Ils sont des outils encore largement méconnus des managers qui évaluent les agents et des gestionnaires qui administrent le déroulement de leurs carrières.

À l'origine de ces réflexions : des mutations du travail

L'accroissement des exigences en matière de qualité du travail et les difficultés rencontrées par l'encadrement opérationnel pour les satisfaire et répondre aux contraintes des marchés ont peu à peu suscité des questions nouvelles s'agissant des capacités à mettre en œuvre dans les processus de production.

L'apparition de la notion de compétences semble d'abord liée à un questionnement des managers opérationnels constatant l'inadéquation des postes de travail et le manque d'outils pour exprimer et juger des qualités attendues de leurs opérateurs[1].

Les besoins nouveaux de réactivité et d'initiative se conjuguent mieux avec le fait de faire appel à des ressources individuelles qu'avec l'application de règles stables et standardisées.

Les démarches qualité ambitieuses ou la recherche accrue de la différenciation des produits par leur qualité ne pouvaient se contenter d'une sollicitation standardisée et appauvrie des compétences des opérateurs. L'approche par l'analyse des compétences permettait de spécifier les besoins de savoir-faire selon les métiers, et parfois même selon les caractéristiques des différents postes de travail.

---

1. Voir ZARIFIAN Philippe, *Le Travail et la compétence : entre puissance et contrôle*, Éditions PUF, collection « Le travail humain », mai 2009.

Pour Philippe Zarifian, professeur de sociologie du travail, l'apparition de la notion de compétence est étroitement liée aux mutations du travail qui se sont produites depuis une trentaine d'années :

- « l'intellectualisation du travail, qui fait appel de manière croissante à l'intelligence de l'opérateur ;
- l'importance prise par la communication dans le travail, à des fins de compréhension active et de coopération dans le travail ;
- la nécessité plus fréquente à laquelle sont confrontés les individus de devoir faire face à des événements imprévus dans le travail ;
- la place grandissante prise par la qualité de service, y compris dans les métiers techniques ;
- "le retour du travail dans le travailleur", ou l'épuisement du processus de séparation du travail et du travailleur. Cette scission mise au point avec la notion d'emploi décrit de manière abstraite par ses exigences en qualification, et qui perdure dans les référentiels d'activités et de compétences, fonctionne de moins en moins bien[1] ».

Ces différentes mutations justifient à la fois l'essor depuis une trentaine d'années des démarches d'identification des compétences et, à partir des limites qu'elles ont rencontrées, le besoin actuel d'en compléter ou d'en modifier l'approche.

Les motifs du succès auprès de l'ensemble des acteurs

Penser aux compétences requises par les emplois impliquait de reconnaître les compétences maîtrisées par les individus. Ainsi, il devenait nécessaire de s'intéresser davantage à la reconnaissance des mérites et des qualités individuelles. Et on allait progressivement abandonner la rigidité de la notion de qualification, qui établit un

---

1. Conférence débat du 8 avril 2010 à l'Association des professionnels en sociologie de l'entreprise.

lien automatique entre le diplôme, l'ancienneté, le salaire et le poste de travail. De cette régression de la place des grilles de qualification au profit des référentiels emplois et « compétences », on a conclu trop hâtivement à un déclin prochain de la référence constante aux diplômes dans la gestion des carrières : « La compétence professionnelle constituera le meilleur passeport du salarié... Dans une société de castes dirigée par une "noblesse de diplômes", la démarche "compétences" a pour ambition de faciliter le passage à une société ouverte reconnaissant sans exclusive les savoirs de toute nature, dans la mesure où ils constituent une source de progrès pour elle et pour les individus qui en sont membres[1]. »

Ce point de vue, repris dans la synthèse des journées de séminaire du CNPF, est significatif de l'espoir du moment selon lequel les carrières allaient pouvoir être conduites grâce à une évaluation juste des compétences mises en œuvre dans l'action. On minimisait alors l'importance des connaissances acquises et reconnues par la formation initiale, malgré les résultats des études du CEREQ (Centre d'études et de recherches sur les qualifications) constatant le rôle protecteur du diplôme en matière d'accès à l'emploi[2], et alors que les entreprises tendent à recruter des salariés le mieux préparés possible à l'exercice de leur mission (accroissement des niveaux de diplômes exigés et des expériences professionnelles requises) et diminuent la durée des formations de type parcours d'intégration interne des débutants. On sous-estimait aussi le poids de la reproduction sociale dans la réussite scolaire, l'orientation, les parcours de formation initiale, et même les possibilités de carrière.

En outre, la fiabilité des procédures d'évaluation individuelles est largement contestée, après une bonne vingtaine d'années de pratique

---

1. Compte rendu de l'atelier 1 des Journées de Deauville organisées par le CNPF en 1998.
2. Le rôle du diplôme comme facteur favorable à l'accès à l'emploi est confirmé régulièrement par les enquêtes du CEREQ, et le nombre des cadres « maison » semble avoir décliné au profit des cadres diplômés.

généralisée, en raison des nombreux biais de l'évaluateur et des effets pervers divers constatés sur le collectif de travail.

L'apparition de la notion de compétence doit, pourtant, aller de pair avec davantage de reconnaissance des compétences individuelles manifestées en situation de travail. Cet accroissement de la transparence sur la créativité et les efforts individuels a aussi un possible revers, qui consiste à rendre plus visibles les incompétences (insuffisances professionnelles ou difficultés relationnelles).

À terme, la mission principale des services de gestion des ressources humaines (et non plus d'administration du personnel) devrait être modifiée afin que puissent être proposées à chacun des perspectives d'évolution professionnelle plus adaptées à son potentiel (dans ou hors de l'entreprise compte tenu des limites du domaine d'activité de chaque organisation).

En raison de cette double ambition consensuelle (faire progresser la performance et améliorer l'intelligence de la GRH), l'usage de la notion de compétence a rencontré un large succès auprès des entreprises, des institutions patronales et de certaines organisations syndicales. La CFDT s'est, avant et davantage que les autres, engagée favorablement pour faire émerger la notion de compétence. Très tôt, elle a constaté à la fois :

- les besoins nouveaux de compétitivité des entreprises et leurs conséquences en termes d'initiative et de mobilisation des salariés ;
- les besoins de reconnaissance des individus, qui, au-delà du diplôme et de leur formation initiale liés à leur poste et à leur rémunération, apportent à l'entreprise des compétences qui participent à sa performance.

Enfin, les démarches compétences ont été largement présentées comme un rempart face au drame des plans sociaux et des licenciements massifs. En effet, la plupart du temps, il était question de décrire les emplois et les compétences associées pour en prévoir l'évolution et mettre en place des politiques ressources humaines anticipatrices de façon à éviter le double risque des sureffectifs et des compétences inadaptées.

Cependant, comme elles ont à quelques reprises été utilisées pour construire des plans sociaux, leur image est parfois devenue suspecte aux yeux des salariés et surtout des partenaires sociaux.

Les limites des démarches de gestion des compétences

Concrètement, les démarches compétences ont souvent consisté à produire des référentiels : outils de description synthétique des emplois, par leurs activités et leurs compétences induites à partir d'une vision partagée de l'organisation du travail. Ces référentiels constituaient l'architecture de la connaissance des métiers et des compétences associées. Ils ont certainement fait beaucoup progresser l'activité des responsables des ressources humaines dans une meilleure appropriation des contraintes de production, des contextes de travail. Ils ont permis de développer de nouvelles pratiques en matière d'évaluation, de recrutement, de conception de dispositifs de formation, notamment pour faire progresser leur adaptation aux spécificités et aux évolutions des emplois.

Ils ont aussi aidé l'ensemble des personnels à mieux repérer leur « cœur de métier » et les attentes de l'organisation à leur endroit.

Mais les effets attendus par les individus en termes de reconnaissance des talents individuels, d'ouverture des trajectoires professionnelles et d'élargissement des perspectives de carrière ne se sont pas vraiment produits.

Une méthode forcément assez « normative »

La formalisation de référentiels permet de réfléchir aux emplois, à leurs attendus en termes d'activités et de compétences, à leurs perspectives d'évolution. Mais, le plus souvent, ils sont élaborés dans une vision taylorienne relativement figée du travail et de l'organisation en postes ; ils décrivent le travail tel qu'il est prescrit, sans faire de place à la créativité individuelle et aux compétences d'expérience. Ces outils de description des emplois suffisent lorsque les processus de production accordent eux-mêmes peu de place à l'innovation, à la créativité, aux services. Ils donnent dans la plupart des cas une vision réaliste et relativement efficace des emplois et des compétences attendues.

Les outils de description des emplois doivent pouvoir répondre aux questions des services RH et à celles des opérationnels. Les services RH sont particulièrement soucieux du traitement homogène de l'ensemble des populations de l'entreprise pour pouvoir peser et comparer les différents emplois. Les opérationnels ont davantage le souhait de repérer ce qui fait la rareté, l'habileté d'une pratique pro-fessionnelle par rapport à une autre. Cette compréhension plus qua-litative, plus fine, associant une part d'observation et d'analyse du travail est plus difficile à réaliser. Elle ne peut se faire en se basant exclusivement sur des entretiens collectifs ou individuels d'un échan-tillon très limité des personnels et de leur hiérarchie.

Les besoins des différents utilisateurs coïncident difficilement, et ce sont en général les services « commanditaires » (souvent les services RH) de ces outils qui guident leur élaboration. Ils sont à l'origine de la commande, s'intéressent davantage au sujet, et savent mieux énoncer leurs besoins.

La production de référentiels métiers, et plus précisément la descrip-tion des activités et compétences, est le plus souvent assez standardi-sée sur un modèle limité à quelques rubriques :

- l'intitulé de l'emploi et sa finalité : définition synthétique ;

- les activités principales : ensemble cohérent d'actions organisées selon un processus observable ;

- les compétences requises : compétences à mettre en œuvre pour exercer ces activités, classées en trois catégories – les connaissances ou savoirs théoriques et informations, les compétences opérationnelles ou capacités éprouvées par la pratique à faire, et les compétences comportementales (liées au comportement de l'individu).

Ces dernières compétences font souvent l'objet d'un lexique afin d'utiliser des formulations identiques entre les différents métiers et de faire ainsi apparaître leur nature transférable (sans pour autant être standardisable).

La compétence : une réalité difficile à saisir, un concept qui s'est peu à peu enrichi

L'approche de la notion de compétence a été progressive et difficile. Ce point explique évidemment le poids de la référence au travail prescrit. En effet, il s'agit de décrire avec une distance abstraite ce qui doit pouvoir s'observer en situation de travail : les différentes manières de faire et leur plus ou moins grande adaptation aux exigences de performance.

Guy Le Boterf, à travers ses nombreuses publications[1], a largement renouvelé et diffusé son approche du concept de compétence. Il a, dès 1985, aidé la réflexion des employeurs, des services de gestion des ressources humaines, des consultants, des représentants des personnels en élaborant des définitions de la notion de compétence plus dynamiques, moins procédurières, plus ouvertes au contexte de travail.

Ainsi, selon lui, « la compétence est un savoir agir reconnu ».

Puis, en 2000, il précisait que la compétence était la résultante de trois facteurs :

- « le savoir agir, qui suppose de savoir combiner et mobiliser des ressources pertinentes ;
- le vouloir agir, qui se réfère à la motivation de l'individu et au contexte plus ou moins incitatif ;

---

1. LE BOTERF Guy, *De la compétence,* Paris, Éditions d'organisation, 1985 ; *De la compétence à la navigation professionnelle,* Paris, Éditions d'organisation, 1997 ; *Construire les compétences individuelles et collectives,* Paris, Éditions d'organisation, 2000.

- le pouvoir agir, qui renvoie à l'existence d'un contexte, d'une organisation de travail, de choix de management, de conditions sociales qui rendent possibles et légitimes la prise de responsabilité et la prise de risques de l'individu.

Si l'on se risque à faire une analogie musicale, on pourrait dire que les modalités prescrites par les organisations de travail constituent une sorte de partition (c'est la compétence requise). La compétence réelle des agents sera d'interpréter cette partition. Par conséquent, il n'y a pas qu'une seule façon de résoudre un problème avec compétence. »

Et l'individu ne peut être considéré comme seul responsable du développement de ses compétences, ni de leur niveau. Certains progrès impliquent nécessairement une évolution de l'organisation ou une volonté d'action conjointe de la part du management.

Ceux qui, comme nous, se sont inspirés de ces travaux pour élaborer des outils de gestion des compétences ou des études prospectives ont tenté de mettre en évidence l'importance du contexte favorable ou défavorable à l'expression et au développement des compétences individuelles et collectives.

Pour Philippe Zarifian, la compétence comprend trois dimensions :

- « une attitude de prise d'initiative et de responsabilité face aux situations dont l'individu ou le groupe ont la charge et auxquelles ils se confrontent, en visant la réussite de leur action ;
- des savoirs d'action qui expriment l'intelligence pratique de ces situations et s'appuient sur la mobilisation de l'expérience et de connaissances acquises en formation ;
- l'existence, le développement, la consolidation et la mobilisation de réseaux d'acteurs qui contribuent directement à la prise en charge des situations ou apportent un soutien[1] ».

---

1. ZARIFIAN Philippe, *Objectif compétence,* Éditions Liaisons, 1999 ; *Le Modèle de la compétence, trajectoire historique, enjeux actuels et propositions,* Éditions Liaisons, 2004.

Pour nous qui avons travaillé avec l'une ou l'autre de ces approches complémentaires, les référentiels et les outils de la GRH ne doivent pas seulement aboutir à mettre en place un nouveau type de contrat de travail ou de rapport salarial très individuel entre le salarié et l'employeur qui serait plus adapté aux exigences « de compétitivité du marché ». Mais ils sont des instruments de réflexion pour aider les organisations et les salariés à progresser à la fois en termes de performance globale (productivité/qualité) et en termes d'intérêt au travail. Les interventions de conseil en gestion des compétences incitent les services de GRH à rechercher une amélioration des conditions favorables au développement des compétences : accès à l'information, évolution des types de management, constructions de situations professionnelles enrichissantes et mise en place de possibilités d'évolutions professionnelles…

Il convient de noter que la plupart des consultants RH sont liés aux contraintes de développement du cabinet auquel ils appartiennent (ou qui leur appartient). Aussi n'ont-ils pas freiné la mise en œuvre de démarches de gestion des emplois et des compétences très longues et souvent trop ambitieuses justifiant d'importants budgets. Le poids relatif de ces budgets de conseil et d'étude dans le domaine du conseil en RH a d'une certaine manière contribué à leur propre promotion, et ce malgré les difficultés récurrentes rencontrées dans la réalisation des objectifs initiaux annoncés.

L'automatisation progressive de la gestion des compétences à l'aide de logiciels intégrant les référentiels et les différentes procédures de GRH est significative du succès réel et des limites de l'approche. Comment motiver les salariés dont le travail s'analyse de loin, et de manière quelquefois exclusivement virtuelle ? Comment dans ce cadre favoriser l'échange des savoirs ?

Quel bilan faire aujourd'hui de l'introduction de la notion de compétences ?

Des progrès dans la gestion des ressources humaines ont été réalisés ; les services de GRH répondent aux préoccupations globales des employeurs qui en disposent. Mais ils ne fournissent pas toujours aux individus et à leur encadrement les moyens d'une compréhension fine de la « compétence » utile à la qualité et à la performance du travail dans les situations où cette compétence est complexe, collective, ou en renouvellement fréquent.

Des pratiques de gestion des compétences contrastées

Compte tenu de la multiplicité des modèles utilisés et de la diversité des entreprises, le bilan des démarches compétences est difficile à établir globalement.

Philippe Zarifian identifie aujourd'hui trois modèles de gestion qui utilisent et s'appuient différemment sur la notion de compétence.

Le modèle de la compétence est le plus rarement rencontré. Il est celui qui a la préférence du sociologue parce qu'il tente de relier les mutations du travail précédemment énoncées et celles de la GRH. Dans ce modèle, les qualifications sont réellement maîtrisées par les personnes, et non plus définies par les emplois, et supposées détenues par ceux qui les occupent. Le travail collectif est appréhendé comme une composition de compétences individuelles à organiser dans des situations de travail. La situation de travail est une réalité distincte de celle de l'emploi, l'individu y résout des problèmes, y prend des initiatives avec une vision claire des finalités collectives poursuivies, en s'appuyant sur des ressources (techniques, informations, soutiens du management, formations…), participe à un collectif dans un cadre de responsabilité. Est compétent celui qui réussit à maîtriser les situations, son autonomie est valorisée. Par conséquent, les référentiels de GRH se limitent à repérer des situations types, des domaines de compétences à « grosse maille[1] » pour laisser de la place aux initiatives. Et l'ensemble des processus RH sont revisités pour être liés aux compétences individuelles, et non aux emplois (la formation, les salaires, les promotions...). Ce modèle correspond bien aux entreprises qui tendent à devenir des « organisations apprenantes » en incitant leurs membres à développer leurs compétences en situation de travail, à enrichir leurs savoirs professionnels et à acquérir une qualification reconnue au sein de l'organisation comme sur le marché du travail.

Le modèle de l'emploi rénové est le modèle largement majoritaire en nombre dans les entreprises françaises. Les référentiels décrivent l'ensemble des emplois types (en regroupant les emplois selon leur niveau de proximité les uns des autres) en deux rubriques essentielles, les activités et leur traduction en compétences. Les compétences sont analysées comme des capacités à occuper un emploi. La rigidité et les frontières du référentiel s'imposent tout autant que les procédures préalables des bureaux des méthodes. Par conséquent, ce modèle risque de passer à côté des mutations du travail. Seules nouveautés introduites : la mise en place des entretiens d'évaluation individuelle, conçus comme une analyse des écarts entre la référence et le travail accompli ; et l'introduction d'une gestion des carrières plus ouverte à l'accomplissement de parcours professionnels différenciés (à la place d'une gestion standardisée et mécanique). Ce modèle domine largement parce qu'il correspond bien à 90 % des processus et des compétences facilement standardisés. Or ce sont peut-être les 10 % de situations de travail qui impliquent créativité et innovation qui font la différence de qualité et auxquelles on devrait s'intéresser davantage... L'intérêt pour les postes (en respectant un découpage taylorien) au détriment de l'intérêt pour les événements ou situations de travail spécifiques est la principale limite de ce modèle.

---

1. Par grande famille de métiers, ou domaines d'activité.

Le modèle du salarié sous-traitant se développe et devient une réalité incontournable dans de nombreux secteurs. Les salariés sont considérés comme des prestataires de service, auxquels on confie une partie de la production. Ils sont entièrement responsables de leurs compétences, y compris de leur propre développement, au moyen de formations, afin de maintenir un niveau d'offre de « leur service » adapté, et une meilleure employabilité. L'évaluation individuelle porte exclusivement sur les résultats atteints, le salaire largement variable en dépend. Le travail et les compétences au sens « action de l'individu en situation » disparaissent. Le manque de dialogue et de reconnaissance du travail effectué peut créer une forme d'isolement de l'individu, et, le cas échéant, une souffrance. Dans ce modèle, les référentiels emplois n'ont pas d'autre utilité que la gestion des recrutements et la détermination du cadre des rémunérations fixes.

Des éléments laissés de côté par ces démarches et à prendre en compte

Le renouvellement des méthodes de GRH, la signature d'accords GPEC en tous genres laissent souvent les salariés très insatisfaits quant à leur besoin d'être reconnus dans leur travail – et ce à une époque où les besoins de reconnaissance individuelle tendent à s'accroître.

La plupart des professionnels des ressources humaines, et en particulier les consultants, s'accordent pour constater que la sacralisation des outils dans les démarches de GPEC a contribué à masquer l'importance stratégique de l'approche : les démarches ne s'intéressent pas assez aux efforts continus et nécessaires d'adaptation aux situations nouvelles et au risque de perte de compétences stratégiques[1]. Les réfé-

---

1. La mission Animation de la recherche de la DARES (ministère du Travail, de l'Emploi et de la Santé) a lancé, cinq ans après la loi promulguant l'obligation de négocier sur la GPEC (loi de cohésion sociale du 18 janvier 2005), deux projets de recherche sur les « accords d'entreprise sur la GPEC : réalités et stratégies de mise en œuvre » ; les publications sont prévues pour juin 2012.

rentiels visent l'exhaustivité des métiers de l'entreprise, mais trop souvent ils lissent la réalité du travail. Ils ne sont évidemment pas fiables en ce qui concerne le repérage et le développement des compétences non formalisables, et en particulier les compétences d'expérience, qui sont difficiles à expliciter, mais qui permettent souvent aux salariés de faire face aux aléas et d'agir efficacement en fonction des situations de travail rencontrées. Enfin, les entreprises continuent à apporter trop peu d'attention à la capitalisation des connaissances, au « knowledge-management ». Et quand ces démarches de gestion des connaissances et d'échanges des savoirs existent, elles ne sont pas reliées à la GPEC et aux prévisions de départ des personnes.

Les démarches de gestion des compétences ont souvent consisté à produire des référentiels valorisants mais, du fait d'un traitement standardisé, relativement déconnectés du travail réel. Elles ont par conséquent davantage servi à modifier les outils de gestion des RH (évaluation, rémunération, et politique de formation) qu'à faire progresser l'efficacité des organisations du travail ou l'épanouissement individuel. Ces démarches sont restées largement enfermées dans la sphère des professionnels des RH, parce que, comme l'a souligné Gérard Cascino, commissaire à la réindustrialisation en Rhône-Alpes, lors d'un entretien en janvier 2010, « ils en sont les commanditaires et les principaux utilisateurs ». Les démarches GPEC encouragées jusqu'alors par les pouvoirs publics n'ont pas vraiment répondu au problème du maintien des compétences des acteurs opérationnels confrontés à des situations de production évolutives[1]. Cette insuffisance s'explique par la relative incapacité des entreprises à travailler sur des analyses et sur les conséquences de type « prévisionnelles » de l'évolution des emplois liées à leurs orientations

---

1. Pour Philippe Zarifian, « *un événement est une occasion d'apprentissage, avec une communication plurifonctionnelle autour d'objectifs communs dans un langage partagé. Elle permet aux membres de l'organisation de "réélaborer" leurs objectifs en fonction des modifications des plans d'actions et permet aux individus de se projeter dans l'avenir* ».

stratégiques, à leurs projets, et à leurs contraintes – et ce malgré le « P » (prévisionnelle) de GPEC.

Pourtant, l'enjeu du maintien et de l'adaptation des compétences demeure actuel, et on constate un besoin de renouvellement des méthodes, en particulier pour répondre aux besoins de compétitivité dans un contexte de crise. Il convient également de tenir compte du développement constant des compétences dites transversales (savoir poser un problème, élaborer une solution…), par rapport aux compétences techniques. Si les compétences techniques sont plus faciles à acquérir dans le système de la formation initiale et continue, les compétences transversales sont plus difficiles à identifier et à certifier, elles sont souvent acquises et développées en situation de travail, au fil de l'expérience, et parfois **à l'insu de tous.**

Chapitre 2

À quels enjeux répond le transfert ?

Les entreprises sont aujourd'hui confrontées à un environnement de plus en plus exigeant : la mondialisation et la compétition mondiale se sont étendues à de nouvelles sphères de marché et de professions. Compte tenu de cette nécessité permanente de maintenir la compétitivité, le travail se transforme. Une seule certitude demeure : les changements d'organisation, de process ou de production deviennent une constante du monde du travail. Le transfert de compétences contribue à mieux appréhender la capitalisation de l'expérience utile dans un contexte évolutif.

Dans ces circonstances, le transfert des compétences d'expérience est une réflexion à intégrer dans une politique RH plus large visant à favoriser le maintien de la compétitivité en renforçant les processus d'apprentissage et en favorisant les évolutions organisationnelles.

DES ENJEUX DÉMOGRAPHIQUES

La situation démographique peut être une source d'importantes pertes de compétences en raison des nombreux départs en retraite des générations de l'après-guerre et du vieillissement de la population active. Les départs en retraite des plus expérimentés, combinés à l'allongement de la durée des études, pourraient créer des situations ponctuelles de pénurie de main-d'œuvre compétente.

« En 2020, un tiers des personnes en emploi en 2005 aura définitivement quitté le marché du travail. Issus des générations du baby-boom, les seniors, âgés de 50 à 64 ans, sont chaque année de plus en plus nombreux à se retirer définitivement du marché du travail, et cela jusqu'en 2020. Ils représentent à eux seuls plus d'un quart de la population en âge de travailler en 2005. Leur taux d'emploi baisse fortement et régulièrement dès 55 ans[1]. »

D'après l'Insee, en 2050, une personne sur trois aurait 60 ans ou plus :

« En 2050, 22,3 millions de personnes seraient âgées de 60 ans ou plus contre 12,6 millions en 2005, soit une hausse de 80 % en 45 ans. C'est entre 2006 et 2035 que cet accroissement serait le plus fort (de 12,8 à 20,9 millions), avec l'arrivée à ces âges des générations nombreuses issues du baby-boom, nées entre 1946 et 1975. Entre 2035 et 2050, la hausse serait plus modérée.

Le vieillissement de la population française s'accentuerait entre 2005 et 2050 : alors que 20,8 % de la population résidant en France métropolitaine avait 60 ans ou plus en 2005, cette proportion serait de 30,6 % en 2035 et de 31,9 % en 2050.

Le vieillissement est inéluctable, au sens où il est inscrit dans la pyramide des âges actuelle, puisque les personnes qui atteindront 60 ans à l'horizon 2050 sont déjà toutes nées (en 1989 ou avant). L'allongement de la durée de vie dans les années futures ne fait qu'accentuer son ampleur. En effet, même si l'espérance de vie se stabilisait à son niveau de 2005, le nombre de personnes âgées de 60 ans ou plus augmenterait quand même de 50 % entre 2005 et 2050[2]. »

---

1. WARZEE Claire, *Le papy-boom n'explique pas tout*, pôle Emploi-Population, Insee (Institut national de la statistique et des études économiques).
2. Projection de population pour la France métropolitaine à l'horizon 2050.

L'analyse du contexte démographique dans l'ensemble des pays européens révèle que, même si la France est souvent montrée du doigt pour le faible taux d'emploi de ses seniors, ceux-ci représentent une part significative de l'emploi salarié (tous secteurs confondus)[1].

En 2008, selon l'Insee, 3 305 000 salariés avaient plus de 55 ans, dont 158 000 plus de 64 ans[2]. Ces chiffres laissent présager un nombre significatif de départs en retraite dans les cinq prochaines années, et ce malgré les récentes réformes des régimes de retraite, qui permettront simplement d'étaler dans le temps ce qui était annoncé comme la grande vague de départs des baby-boomers.

Ce répit devrait être mis à profit pour réduire les risques de perte brutale de savoir-faire détenus par les plus expérimentés et pour développer des dispositifs de capitalisation, de « knowledge-management » et de transfert. Le système législatif qui encadre la réforme des régimes de retraite prévoit en ce sens, parmi les mesures d'accompagnement des salariés dans la « seconde partie de leur carrière », un volet spécifique sur le développement du tutorat et le transfert de compétences.

En 2007, un rapport de la DGEFP (Direction générale de l'administration et de la fonction publique) précisait : « De nombreuses organisations, dont la fonction publique, font actuellement face à de massifs départs à la retraite. Le phénomène sera constant au cours des prochaines années. Or, les personnes qui quittent les organisations, particulièrement lors de la prise de la retraite, sont expérimentées, possèdent souvent une expertise de pointe et ont mémorisé une somme importante de connaissances, tant explicites que tacites. Il s'agit là d'une richesse dont les organisations ne peuvent se passer

---

1. Selon l'Insee, « *en 2009, 38,9 % des personnes âgées de 55 à 64 ans ont un emploi. Ce taux d'emploi reste faible, inférieur à celui de l'Union européenne à 27 (46 %). Il reste toutefois encore éloigné de l'objectif de 50 % en 2010 fixé par la stratégie de Lisbonne* ».
2. Étude Insee 2008 « Population en emploi et taux d'emploi selon le sexe et l'âge ».

sans risques, cette perte de savoirs et de savoir-faire pouvant être un facteur important de perte de qualité pour le service public[1]. »

Malgré ce constat, on note souvent l'absence de tout plan de « transmission » entre les agents de la fonction publique, y compris pour les cadres et les cadres supérieurs. Et l'idée même d'une préparation des successions à l'occasion des départs en retraite heurte la mécanique habituelle des nominations ou des concours. De ce fait, les pertes de compétences sont très importantes, y compris dans les organisations stables et sur des fonctions pérennes.

DES ENJEUX DE COMPÉTENCES

L'informatisation des entreprises, le développement et la formalisation des process de fabrication, des processus de gestion, l'externalisation des modes de production ont laissé, un temps, croire que l'expérience, et en particulier celle des salariés les plus âgés, ne représentait plus un atout et une valeur pour l'entreprise.

C'est souvent au moment de leur départ en retraite que les entreprises prennent conscience de la véritable nature de l'apport des salariés expérimentés, et donc du rôle de l'expérience dans le développement de certaines compétences, notamment de compétences stratégiques (celles qui sont directement liées au maintien et au développement de la valeur ajoutée de l'entreprise).

C'est cette prise de conscience, quelquefois un peu tardive, qui amène un certain nombre de dirigeants à se poser la question du « comment » anticiper le risque de pertes de compétences stratégiques.

Ils vont alors se trouver confrontés à deux difficultés majeures, susceptibles de les décourager : d'une part, l'identification des compé-

---

1. Rapport DGAFP, 2007, p. 5.

tences à conserver, et d'autre part, la mise en œuvre des modalités de conservation, de transfert.

Le maintien dans l'emploi de salariés d'expérience, que les nouvelles mesures sur l'emploi des seniors visent à renforcer, pose parfois des problèmes de cohabitation, de collaboration avec les plus jeunes, de formation et de culture différentes. Cette cohabitation intergénérationnelle doit être prise en compte et traitée comme un enjeu de management. Les actions visant à faciliter le transfert de compétences permettent souvent de créer des lieux et des moments de collaboration, d'échanges de reconnaissance mutuelle.

L'un des pionniers en France de la gestion des connaissances, Jean-François Ballay, consultant et responsable du club Knowledge Management interne chez EDF-GDF, présente ainsi la difficulté du sujet : « Les questions de transmission et d'apprentissage sont d'une actualité brûlante et paradoxale. D'un côté, les grandes transformations de notre monde supposent un renouvellement accéléré des savoirs et des compétences, tandis que de l'autre ces changements ne peuvent être viables sans un minimum de continuité entre les générations. Une société qui rompt cet équilibre fragile, mais vital, entre changement et continuité se trouve dans un "régime d'incertitude radicale" et subit des crises majeures. Dans ces conditions, la dimension cognitive du travail – prise de façon large, à travers les processus de création, de décision, de coopération, d'apprentissage et de transmission – s'est considérablement modifiée en une génération et elle mérite d'être analysée au vu d'enjeux qui sont non seulement sociaux et économiques, mais aussi éthiques et anthropologiques[1]. »

Pendant longtemps, la notion de transmission du savoir-faire était inscrite dans la culture de la plupart des métiers ; l'apprentissage des techniques, des « tours de main », et le partage des valeurs se faisaient au travers du compagnonnage, du passage de maître à disciple. Ces

---

1. BALLAY Jean-François, « Les Paradoxes de la transmission et de l'apprentissage dans un monde radicalement incertain », *Télescope,* vol. 16, n° 1, 2010, p. 1-20.

principes semblent avoir été progressivement abandonnés au profit des notions de qualification, de métiers, de compétences souvent traduits par des modèles de connaissances et de savoir-faire techniques à acquérir et à maîtriser définis à travers des référentiels.

La formation en école ou en centre de formation technique comme mode d'acquisition des compétences a été privilégiée, en particulier pendant les Trente Glorieuses, période au cours de laquelle les besoins de personnels qualifiés en nombre se faisaient sentir.

Le constat est fait aujourd'hui que ces modes d'acquisition ne suffisent plus pour assurer le maintien et la pérennisation des savoir-faire spécifiques des entreprises, qui sont souvent le résultat d'années d'expérience opérationnelle, de pratiques, d'échecs et de réussites. Ces compétences précieuses et souvent stratégiques sont la plupart du temps détenues par les salariés expérimentés. Il est étonnant de constater que c'est parfois seulement au moment de leur départ que l'on prend conscience de la part prise par les salariés les plus anciens dans le fonctionnement, la performance de l'entreprise.

Si l'on semble aujourd'hui convaincu de l'importance de la préservation des compétences d'expérience (acquises au fil du temps et spécifiques à l'individu), on ne peut pas attendre des seniors qu'ils s'engagent dans des actions de transmission si leur expérience n'est pas reconnue et valorisée dans l'organisation, le fonctionnement de l'entreprise. De ce point de vue, l'influence du management, et en particulier du management de proximité, est prépondérante.

« *À l'heure où tout est codifié et normé, où les pratiques professionnelles sont hyperencadrées, seule l'expérience autorise légitimement la transgression au prescrit, non comme un refus de la règle mais davantage comme l'expression d'un territoire inaliénable, propriété de ceux qui ont su capitaliser, souvent inconsciemment, la richesse de toute une vie professionnelle[1].*

---

1. Gilles Tabellion, consultant et directeur d'Itaque.

DES ENJEUX ÉCONOMIQUES : UN ENVIRONNEMENT DE TRAVAIL DE PLUS EN PLUS EXIGEANT EN CRÉATIVITÉ, EN INNOVATION...

Aujourd'hui, le maintien et le développement des compétences sont des éléments capitaux de la réussite économique des entreprises. Ils ont une imbrication étroite avec l'organisation du travail et la capacité d'innovation des entreprises. Ainsi, pour Gérard Cascino, commissaire à la réindustrialisation de la Région Rhônes-Alpes[1] : « La crise révèle le problème du risque de pertes des compétences avec davantage d'acuité. Le problème démographique est là, il nous rattrape. Le sujet n'est pas mort, il est plus que jamais stratégique. Ce ne sont pas les machines qui feront la différence dans la course à la compétitivité. La différence ne tiendra pas à la qualité intrinsèque des produits, ni à la maîtrise des coûts. La valeur d'usage des produits peut seule permettre la différenciation. Or la réussite de nombreux produits tient au détournement de leur valeur d'usage. Le travail sur les nouveaux usages implique d'accroître la réflexion sur les compétences, leurs conditions de développement.

La question de la compétence doit sortir du ghetto des RH pour infiltrer les managers. Cet enjeu d'évolution culturel ne pourra être atteint sans imprégner les chefs d'entreprise et les viviers de responsables d'encadrement (formés dans les grandes écoles). »

---

1. Extrait du discours du président de la République le 4 mai 2009 auprès des commissaires à la réindustrialisation :
« L'investissement que vous devez susciter n'est pas que matériel mais c'est aussi le savoir-faire, la formation, le capital humain. La création d'investissement social est là pour soutenir toutes les initiatives de formation qui préparent l'après-crise. Il faut que vous soyez le centre de la toile entre les ministères, la médiation du crédit, les collectivités locales, le pôle emploi. Vous avez une tâche difficile parce qu'il ne s'agit pas que de traiter l'urgence mais de construire une stratégie de sortie de crise. Vous êtes porteur d'une véritable politique industrielle territoriale. N'hésitez pas à proposer des solutions nouvelles, à sortir du prêt-à-penser, à bousculer, à en faire trop car il n'y aurait rien de pire que d'en faire trop peu. N'hésitez pas à être réactifs, offensifs, inventifs. »

DES ENJEUX D'ÉVOLUTION DES REPRÉSENTATIONS ET DES PRATIQUES MANAGÉRIALES

Les types d'organisation, les styles de management influent largement sur le développement, le maintien et la mobilisation des compétences, et en particulier des compétences non formalisables ou liées à l'expérience.

La formation ne suffit plus pour répondre aux besoins d'acquisition de compétences. La dynamique de développement des compétences doit davantage impliquer les managers opérationnels dans un rôle à la fois technique et pédagogique : pour animer un collectif, pour débattre des solutions innovantes proposées par les opérateurs et articuler l'évolution des compétences et de l'organisation. Cela implique qu'ils favorisent ces occasions et détectent les sujets intéressants pour les équipes qu'ils encadrent.

Les fondements de ces pratiques sont souvent liés à la conviction que l'humain joue un rôle décisif dans l'obtention de la performance. Or l'humain a besoin de trouver un sens à son travail, de s'impliquer dans des rapports sociaux confiants, toutes choses qui ne vont pas toujours de soi aujourd'hui dans le monde du travail. La crise financière a révélé à ce sujet un problème de fond : le manque de confiance des salariés à l'égard de leurs dirigeants, et ce constat n'est souvent pas moindre chez les cadres en position de management vis-à-vis des dirigeants dont ils doivent relayer les orientations[1].

L'évolution du management ne se fait pas sans difficultés parce qu'elle remet en question des principes simplistes et caricaturaux souvent

---

1. BVA a publié début mai 2011 les résultats de la quatrième enquête internationale sur le management, commandée par BPI Group, cabinet de conseil en stratégie de management. Ainsi, 6 800 salariés de 11 pays ont été interrogés sur leur perception du management direct (leur supérieur hiérarchique direct) et des dirigeants de leur entreprise. Les salariés ne sont que 22 % (en moyenne sur les 11 pays) à avoir une très bonne opinion de leur supérieur, soit une baisse sensible de 10 % par rapport à 2007. Les salariés français ne sont eux que 19 % à faire confiance à leur manager direct.

transmis aux managers. Il s'agit cette fois non pas de gouverner par des principes qui visent à combattre « routine et résistance au changement », mais de donner du sens aux évolutions demandées, de solliciter les innovations au sein des entités. Norbert Alter en donne une bonne vision dans son ouvrage *Donner et prendre*[1], qu'il introduit ainsi : « L'entreprise ne peut se passer des échanges sociaux : ils représentent un don que les opérateurs lui font ; ce don est précieux et il fédère les individus. Mais elle ne peut pas pour autant accepter que cette logique régisse les relations parce que ce type de fonctionnement va à l'encontre de l'idée même de management et de rationalisation du travail […] les théories qui fondent le management se veulent "modernes", alors que l'efficacité du management repose sur des dimensions archaïques, universelles et pragmatiques […] l'entreprise fonctionne, produit et innove parce que les opérateurs acceptent de s'adonner à ses projets… Et le malaise au travail provient bien plus de l'incapacité de l'entreprise à reconnaître la valeur des dons des salariés, la valeur de leur travail, que de sa volonté de tirer le meilleur parti de leur contribution. »

Dans sa conclusion, il insiste à nouveau sur les limites actuelles des pratiques managériales et leur inaptitude à reconnaître les salariés capables de dépasser les strictes limites définies par l'organisation à travers innovation, entraide, échanges de savoir… :

« Les salariés sont mal compris, mal gérés et finalement mal "exploités". Ils souhaitent donner et l'entreprise ne sait que prendre. Le management est trop théorique et insuffisamment pratique : il ne tire pas parti des ressources qui s'offrent à lui… Cela suppose de remettre le management sur ses pieds autour de trois idées :

- Tout d'abord, les échanges sociaux représentent une richesse telle qu'il faut accepter que les salariés en consument une partie au bénéfice de la constitution de leur identité collective : cela revient finalement à un investissement ;

---

1. ALTER Norbert, *Donner et prendre : la coopération en entreprise*, Éditions La Découverte, 2009.

- ensuite, il faut accepter de prendre en considération les résultats des travaux de recherche en sciences sociales : tous expliquent qu'une décision n'est jamais bonne en elle-même, mais qu'elle peut le devenir en analysant ce qui la rend progressivement efficace, ce qui revient à investir plus en aval du management et beaucoup moins en amont ;

- enfin, il faut apprendre à célébrer les dons et les sacrifices faits par les salariés à l'entreprise ; cela revient à inverser les politiques de communication en remerciant plus qu'en sollicitant et, surtout, en faisant preuve de gratitude. »

DES ENJEUX DE COLLABORATION ENTRE LES GÉNÉRATIONS

Les préretraites se sont diffusées moins comme un droit pour les salariés que comme une opportunité de licenciements déguisés pour certains employeurs. Leur importance au cours des vingt dernières années dans la gestion des effectifs des grandes entreprises françaises a contribué à stigmatiser une population senior supposée peu productive, inapte aux changements, et relativement trop payée (par rapport aux jeunes).

Ce contexte a favorisé un climat de « lutte des places » entre générations. Aussi, les plus âgés ne sont pas nécessairement motivés à l'idée de transférer leur expérience aux plus jeunes, surtout s'ils ont l'impression qu'il s'agit d'un préalable à leur licenciement.

Et s'agissant de la gestion de la formation et des promotions, la faible place faite aux seniors constitue un véritable problème, qui n'est pas sans effet sur la qualité des relations intergénérationnelles.

Ce climat inhibe souvent les possibilités d'expression des seniors, qui, pourtant, ne souhaitent pas tous avancer leur départ en retraite, et font preuve, lorsqu'ils sont motivés par des perspectives réelles, de capacités d'adaptation d'autant plus importantes qu'elles s'appuient sur un socle de compétences solidement acquises.

Cependant, un certain nombre d'entreprises ont pris conscience que l'avenir ne peut se construire sans installer une véritable coopération intergénérationnelle, et que les transferts de compétences et échanges de savoirs ne peuvent se réaliser sans que soit accordée, dans les faits, une réelle crédibilité à l'expérience des seniors.

Il convient de noter que les plus expérimentés dans un domaine d'activité ne sont pas toujours les plus âgés, précisément parce qu'il n'est pas rare de prendre en charge une activité nouvelle et d'acquérir de nouvelles compétences dans des organisations de moins en moins figées.

De fait, aujourd'hui, il n'existe pas dans l'entreprise deux générations : celle des « vieux » et celle des « jeunes ». Quatre générations au moins s'y côtoient : les moins de 30 ans, les 30 à 40 ans, les 40 à 50 ans, les 50 à 60 ans, et bientôt les plus de 60 ans.

L'âge de l'acquisition de la séniorité dépend souvent du secteur professionnel et de l'emploi occupé. Dans certaines professions, on paraît âgé à partir de 35 ans, en particulier sur des postes à forte pénibilité ou à l'ergonomie mal adaptée. Dans d'autres, l'image de la séniorité représente au contraire un élément favorable à leur exercice[1].

Il convient de veiller à ne pas renforcer des clivages générationnels en ne systématisant pas des modes d'échanges et de transfert à sens unique (des plus anciens vers les plus jeunes), mais plutôt de gérer la diversité des âges dans les services ou les équipes, en favorisant la mise en place de dispositifs où de véritables échanges peuvent se développer, basés sur la réciprocité et valorisant les expériences de chacun.

---

1. Les commerciaux, par exemple, ont souvent intérêt à être jeunes. Les avocats, les élus, les médecins… sont, au contraire, plus crédibles après 40 ans.

Autrement dit, il ne s'agit pas tant de mettre en place des dispositifs de transfert de compétences spécifiques aux seniors, mais plutôt de favoriser une gestion des âges et surtout une gestion de l'évolution des compétences tout au long de la vie active.

Pour y parvenir, il convient de faire en sorte que les acteurs échangent véritablement sur leurs façons de faire, sur leurs perceptions des activités à gérer, dans un objectif de développement d'une véritable compétence collective.

Chapitre 3

Que veut-on transférer ?

LES COMPÉTENCES, QUELLE APPROCHE ?

Pour faciliter la compréhension de chacun et éviter des confusions, nous situerons l'ensemble de nos réflexions dans un contexte méthodologique stabilisé. Aujourd'hui, le terme « compétences » est largement diffusé et utilisé : pour certains il regroupe un ensemble de savoirs, savoir-faire, savoir être, pour d'autres il désigne l'une ou l'autre de ces catégories.

Pour de nombreux auteurs, et en particulier pour Guy Le Boterf, cité plus haut et qui a longtemps guidé nos travaux et nos réflexions, la compétence est :

« une capacité à agir :
- en combinant et mobilisant un ensemble de ressources appropriées personnelles (connaissances, savoir-faire, comportement…) et de son environnement (banques de données, collègues, experts, autres métiers…), ;
- pour gérer un ensemble de situations professionnelles, ;
- afin d'obtenir des résultats (produits, services) satisfaisant à certains critères de performance pour un destinataire (client, patient, usager…)[1] ».

---

1. LE BOTERF Guy, *Construire les compétences individuelles et collectives,* Éditions Eyrolles, 2010.

Parmi les ressources personnelles à combiner, sont mentionnés :
- les ressources physiques et physiologiques ;
- les connaissances ;
- les savoir-faire techniques ;
- les savoir-faire méthodologiques ;
- les savoir-faire relationnels ;
- les capacités cognitives ;
- les savoirs et savoir-faire d'expérience ;
- les ressources émotionnelles.

Un certain nombre d'auteurs, suivis en cela par de nombreuses entreprises ou organisations, globalisent sous le terme de « compétences » les différentes ressources que les individus mobilisent pour « agir avec compétence ».

D'autres, et en particulier les auteurs nord-américains, assimilent sous le terme de « connaissances » à la fois ce que nous appelons connaissances et ce que nous appelons savoir-faire ; par souci de cohérence et pour faciliter la lecture, nous utiliserons dans ce chapitre le terme « compétences » y compris lorsque nous ferons référence à leurs travaux.

Dans les développements suivants, lorsque nous utiliserons le terme « compétences », il s'agira des « ressources » telles que les définit Guy Le Boterf, et, parmi celles-ci, essentiellement les savoirs et savoir-faire d'expérience.

DE QUELLES COMPÉTENCES PARLE-T-ON ?

Un certain nombre de chercheurs, et en particulier Ikujiro Nonaka dès 1994[1], définissent deux types de compétences mobilisables dans la gestion de situations professionnelles : les compétences explicites et les compétences tacites.

---

1. NONAKA Ikujiro, « A Dynamic Theory of Organizational Knowledge Creation », *Organization Science,* 5(1), 14-37.

Les compétences explicites

De quoi s'agit-il ?

Les **compétences explicites** sont les compétences (connaissances, savoir-faire) formalisables, que l'on peut transcrire dans des livres, définir à travers des procédures, des modes opératoires, des gammes de fabrication, expliciter dans des notices d'entretien, des manuels de sécurité, des normes de fabrication, intégrer dans des logiciels.

Elles sont de ce fait rendues visibles et accessibles, elles constituent souvent le socle des connaissances et des savoir-faire formels de l'entreprise, de l'organisation. Elles permettent généralement, pour peu qu'elles soient connues et partagées, de gérer la plupart des situations courantes en mettant en pratique les connaissances ou les modes d'actions qu'elles décrivent.

On pourrait citer à titre d'exemple :

- le code de la route ;
- la liste des clients d'une entreprise et les tarifications à leur appliquer ;
- la recette de fabrication de biscuits ;
- les règles de sécurité à respecter ;
- les fiches de présentation des produits ;
- les règles de promotion…

Le socle des compétences explicites détenues par une personne est la résultante des connaissances acquises au cours de sa formation initiale ou continue et des savoir-faire professionnels ou méthodologiques développés par sa formation et renforcés tout au long de son expérience professionnelle à travers l'appropriation des règles, des usages ou des modes d'actions formalisés liés aux différents emplois occupés.

Comment transmettre des compétences explicites ?

Les compétences explicites sont assez simples à transmettre parce qu'elles peuvent être formalisées sur des supports variés : livres, procédures, modèles, logiciels, documentations numériques, référentiels de normes…

Pour faciliter cette transmission, il faudra alors identifier et mettre au point les modalités les mieux adaptées au public concerné : formation initiale ou continue, accès à des bases de données, des documents de procédures, des normes, utilisation de logiciels, tutorat, e-learning, dispositif d'intégration…

De ce point de vue, il convient de noter les progrès et la qualité de l'ingénierie pédagogique, qui a su faire évoluer les pratiques de formation pour rapprocher la transmission des compétences explicites de leurs conditions réelles de mise en œuvre. On assiste notamment depuis quelques années à un développement constant des formations en alternance, qui participe largement de cette évolution.

Cette évolution a des conséquences sur la nature des besoins de transfert à traiter : ils portent rarement sur la partie technique du métier, la plus visible, la mieux identifiée et dont la maîtrise est en général bien accompagnée par la formation initiale ou continue, mais bien plus souvent sur des valeurs à partager dans un contexte professionnel, des tours de main, des façons de faire, des manières de se comporter avec tel ou tel type d'interlocuteur, ou encore des méthodes de management.

Les modalités d'évaluation des compétences explicites transmises sont généralement normées, il s'agit de s'assurer que celui à qui les compétences ont été transférées les maîtrise et sait les mobiliser en situation professionnelle.

L'évaluation porte généralement sur deux champs, le contrôle des connaissances d'une part, le contrôle de la mise en œuvre des connaissances et des savoir-faire en situation professionnelle d'autre part.

Le contrôle des connaissances (connaissances théoriques, connaissances des normes, des règles techniques, de sécurité ou procédurales...) peut se faire tout au long de l'apprentissage (contrôle continu) ou ponctuellement en fin d'apprentissage (examen). Ce contrôle prend souvent la forme d'un questionnement ; il a pour objectif de mesurer la capacité de l'apprenant à retenir les connaissances, règles, procédures transmises.

Le contrôle des savoir-faire se fait généralement en situation professionnelle réelle ou simulée (situation d'évaluation), souvent tout au long du processus de transmission (formation) ; il a pour objectif de mesurer la capacité de l'apprenant à reproduire des gestes techniques, à gérer des situations en appliquant les règles et procédures diffusées.

L'évaluation se fait sur des critères définis et normés : le respect des procédures, des règles de sécurité, des temps de fabrication, la conformité des gestes aux normes établies... Il s'agit généralement d'un contrôle de conformité, d'une mesure d'écart par rapport à un référentiel.

L'évaluation peut être réalisée par un formateur, un responsable hiérarchique, elle est rarement partagée ou discutée.

Les compétences tacites

De quoi s'agit-il ?

Contrairement aux compétences explicites, qui sont généralement liées à l'entreprise, à l'organisation, les **compétences tacites** sont intégrées aux personnes, sous la forme d'un savoir-faire pratique, de modes d'action et d'intuitions personnelles.

Elles sont fondées sur l'**expérience personnelle,** en particulier sur l'expérience pratique développée en situation professionnelle ou dans la vie sociale (on pourrait les caractériser comme des « savoir quoi faire », des « savoir y faire »), et elles sont souvent étroitement liées au contexte dans lequel elles se sont développées.

Elles ont la plupart du temps été construites en situation de travail à partir des réussites et des échecs qui ont pu être analysés individuellement ou collectivement.

Les compétences tacites sont peu structurées, elles relèvent généralement de l'intuition, de la bonne réaction et sont donc souvent non « normatives ». Elles ont parfois été construites en transgression de règles établies lorsque celles-ci se sont avérées inefficaces ou inadaptées.

Elles ont fréquemment trouvé leur origine dans une recherche personnelle ou collective d'amélioration de la performance, d'économie des gestes, de recherche de « confort » ou de préservation de la sécurité dans le travail.

Elles sont donc difficiles à décrire ou à traduire, parce que généralement implicites. « La compétence tacite fait référence à des actions que l'on peut réaliser sans être capable d'expliquer complètement comment on y parvient, ainsi qu'à des aptitudes, des modes de raisonnement qui sont mis en œuvre de manière inconsciente[1]. »

Les compétences tacites peuvent être individuelles ou collectives, dans ce cas elles sont souvent liées aux « bonnes pratiques » partagées au sein d'une équipe. On citera pour exemple les compétences mobilisées par un collectif de travail dans la gestion d'une panne ou d'un dysfonctionnement.

Moktar Lamari, professeur et directeur adjoint du Centre de recherche et d'expertise en évaluation de l'École nationale d'administration publique du Québec, analyse ainsi la nature de ces compétences tacites :

---

1. *La lettre Émerite,* 2003.

« Ce type de compétences se trouve à la croisée de quatre dimensions différentes :

- (1) une dimension cognitive offrant une certaine compréhension du phénomène en question ;
- (2) une dimension relationnelle mettant en interaction directe des individus dans des situations et des réalités particulières ;
- (3) une dimension contextuelle marquée par des paramètres culturels, organisationnels et institutionnels ;
- (4) une dimension technique impliquant le savoir-faire opérationnel acquis par l'expérience et le vécu pratique[1]. »

On pourrait citer comme exemples de compétences tacites :

- régler le fonctionnement d'un four de cuisson de briques en observant la cuisson ;
- régler un broyeur « à l'oreille » ;
- réguler les tensions au sein d'un collectif de commerciaux ;
- faire une préparation de matière à fabriquer des céramiques en mélangeant des terres sans procédure ;
- évaluer la plasticité d'un béton « à l'œil » ;
- organiser une campagne de tirs dans une carrière à partir de la connaissance d'un site.

Il convient de ne pas sous-estimer l'importance des compétences tacites dans la gestion des situations professionnelles. Certains auteurs vont jusqu'à énoncer qu'environ 70 % à 80 % des compétences mobilisées en situation de travail sont des compétences tacites.

Ainsi, Réal Jacob, professeur de gestion d'HEC Montréal, en charge de nombreux programmes de recherche-action sur les nouveaux modes de travail et de collaboration, a constaté, lors de l'une de ses nombreuses conférences :

---

1. LAMARI Moktar, « Le transfert intergénérationnel des connaissances tacites : les concepts utilisés et les évidences empiriques démontrées », *Télescope,* vol. 16, n° 1, 2010, p. 39-65.

Le regard d'un psychologue clinicien

« Les compétences tacites que vous évoquez ici font écho chez moi à la classification dichotomique des systèmes de mémoire décrite par L. R. Squire[1].

Il s'agit d'un modèle largement utilisé comme référence en neurosciences, dans lequel la mémoire à long terme est divisée en deux systèmes majeurs :

• la mémoire déclarative (explicite), qui est une mémoire accessible à la conscience. Elle regroupe la mémoire épisodique (faits autobiographiques) et la mémoire sémantique (événements, faits publics) ;

• la mémoire non déclarative (implicite), qui représente un système très hétérogène. Elle regroupe un grand nombre d'apprentissages « inconscients », dont la mémoire procédurale, qui correspond à l'encodage d'aptitudes et d'habitudes qui se concrétisent sous forme d'habileté.

C'est ce dernier type de mémoire qui semble mobilisé par ce que vous nommez les compétences tacites. »

Pierre Carton, psychologue clinicien, Paris

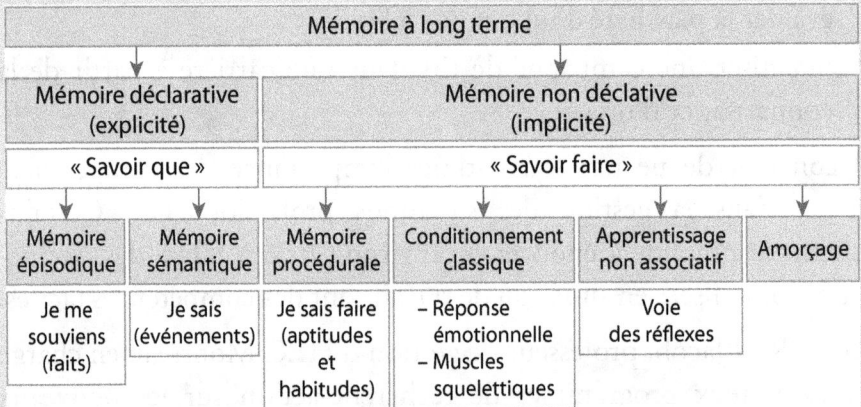

Mémoire à long terme					
Mémoire déclarative (explicité)	Mémoire non déclative (implicité)				
« Savoir que »	« Savoir faire »				
Mémoire épisodique	Mémoire sémantique	Mémoire procédurale	Conditionnement classique	Apprentissage non associatif	Amorçage
Je me souviens (faits)	Je sais (événements)	Je sais faire (aptitudes et habitudes)	– Réponse émotionnelle – Muscles squelettiques	Voie des réflexes	

---

1. SQUIRE L. R., « Memory Systems of the Brain: a Brief History and Current Perspective », *Neurobiol Learn Mem* 82, 2004, 171-177.

« Les connaissances les plus utiles pour une entreprise ne sont pas toujours celles que l'on croit. La plupart des chercheurs sont d'avis que les processus d'innovation s'appuient sur un juste maillage entre les connaissances explicites et celles dites tacites. Plusieurs travaux de recherche montrent que l'avoir intellectuel servant à faire fonctionner une entreprise est composé de 30 % de connaissances explicites et de 70 % de connaissances tacites[1]. »

Comment transférer des compétences tacites[2] ?

Les détenteurs de compétences tacites sont presque toujours incapables de les formaliser eux-mêmes de manière exploitable par d'autres, notamment parce qu'ils sont peu ou pas conscients de leur existence, de leur nature, voire de leur intérêt.

On constate qu'à partir d'un certain niveau de savoir-faire l'individu lui-même n'est plus conscient de l'étendue de ses compétences, il les met en œuvre intuitivement. Comme le relève Michael Polanyi, « nous connaissons plus que ce que nous pouvons exprimer[3] ».

Cette incapacité à formaliser, voire à identifier ses propres compétences tacites est largement répandue, et ce indépendamment de la nature des emplois ou du niveau de formation de ceux qui les détiennent.

De ce point de vue, un directeur industriel se trouve aussi démuni qu'un opérateur lorsqu'on lui demande : « Comment faites-vous ? »

---

1. Intervention de Réal Jacob, professeur titulaire au Centre d'études en transformation des organisations, École des hautes études commerciales (HEC) de Montréal, lors de l'atelier de planification stratégique sur la gestion des ressources humaines organisé par le Comité sectoriel.
2. Le processus qui conduit une personne à s'approprier les compétences tacites d'une autre sera désigné sous le terme de « transfert » (d'après Larousse, « acte par lequel une personne acquiert un droit d'un autre, qui le lui transmet ») ; le terme « transmission » (d'après Larousse, « action de communiquer quelque chose à quelqu'un ») caractérisera les actions de diffusion des compétences explicites.
3. POLANYI Michael, *The Tacit Dimension,* Londres, Routledge & Kegan Paul, 1966, p. 4.

À cette question troublante de simplicité, la réponse est souvent la même : « Je ne sais pas, je fais, c'est tout. »

De ce fait, le transfert des compétences tacites, difficiles à verbaliser, à formaliser et donc à mémoriser, est complexe et rarement organisé. Pourtant, ces compétences sont parfois indispensables au bon fonctionnement des entreprises, en particulier dans la gestion de situations complexes, pour lesquelles l'expérience est souvent un atout.

Dans ce cas, les entreprises ont tout intérêt à développer et à faciliter le transfert entre les salariés expérimentés détenteurs de compétences tacites liées à l'expérience, désignés ici sous le terme de « **transférants** », et les salariés apprenants plus ou moins novices, désignés ici sous le terme de « **cibles** ».

Ce transfert ne peut se faire qu'à travers des médiations différentes de celles qui sont habituellement utilisées pour la transmission des compétences explicites. Les moyens de transfert doivent être spécifiques et adaptés à la nature des compétences à transférer.

Pour permettre et faciliter le transfert des compétences tacites, il convient de s'appuyer sur le partage d'expériences par la création d'espaces de travail en commun et de collaboration. À ce sujet, Nonaka et Takeuchi parlent d'« espaces de socialisation » :

« La transformation des connaissances tacites en de nouvelles connaissances tacites se produit par "socialisation" impliquant interactions et convivialité mettant en lien de confiance et de réciprocité des individus qui souhaitent partager leur expérience et leur savoir-faire. La transformation des connaissances tacites en de nouvelles connaissances explicites se fait par "externalisation" du savoir. Cette conversion a lieu grâce à une activité d'extraction des connaissances tacites couplée à une réflexion collective et à un dialogue constructif au sujet des concepts, des modèles, des analogies ou des procédures formelles structurantes. La transformation des connaissances explicites en de nouvelles connaissances explicites intervient par "combinaison" impliquant un brassage et une synthèse entre plusieurs contenus de connaissances codifiées et formalisées, ayant une valeur ajoutée. Cette conversion alterne déduction et induction pour divers résultats. Enfin, la transformation des connaissances explicites en de nouvelles connaissances tacites s'effectue par "internalisation", c'est-à-dire l'intériorisation de ces connaissances et leur incorporation dans le savoir propre à chaque individu. Cette conversion aboutit à la traduction des connaissances formelles pouvant prendre la forme d'automatismes codifiables et reproductibles (manuel de procédures, guide d'emploi, etc.)[1].

Depuis deux ou trois décennies, certaines entreprises ont tenté de mettre en place des expériences d'« organisations apprenantes ». Elles ont ainsi montré que le partage et la transmission de compétences au sein d'un atelier, d'une équipe composée de personnes de même métier, de même culture professionnelle, ou à travers la structuration de collaborations multiples (groupes projets, généralisation de la relation clients fournisseurs, management transversal…) étaient possibles et intéressants.

Les modalités d'apprentissage sont largement informelles : « La transmission de la compétence tacite ne passe pas par les ordinateurs et les réseaux, elle passe par des formes d'interactions sociales proches de l'apprentissage. La compétence tacite ne peut être ni vendue, ni acquise sur un marché et son transfert est extrêmement sensible aux contextes sociaux…

Par ailleurs, une codification accrue ne diminue pas l'importance de la compétence tacite… Compétence codifiée (explicite) et compétence tacite sont complémentaires[2]. »

Les modes d'évaluation du transfert de compétences tacites doivent être spécifiques et adaptés à la nature de ces compétences : l'évaluation ne peut se faire qu'en situation réelle de travail.

---

1. ALAVI et LEIDNER, 2001 ; NONAKA, 1994, cité par : LAMARI M. (2010), « Le transfert intergénérationnel des connaissances tacites : les concepts utilisés et les évidences empiriques démontrées », *Télescope,* vol. 16, n° 1.
2. *La lettre Émerite,* 2003.

Il ne s'agit pas de construire des référentiels normés d'évaluation : on ne cherche ni à évaluer la conformité des compétences à des normes de production ou de sécurité, ni à en mesurer les écarts. L'évaluation porte sur la pertinence des solutions mises en œuvre, autrement dit sur la qualité des résultats obtenus.

Cette évaluation peut être réalisée par deux acteurs en parallèle : le transférant et l'encadrement.

Le transférant doit analyser les modes d'action de la cible pour s'assurer qu'ils prennent en compte les contraintes d'environnement tout en respectant les règles de l'art. Il doit éviter de chercher à contrôler la capacité de la cible à reproduire des façons de faire conformes aux siennes.

L'encadrement doit être en mesure d'apprécier la marge d'initiative et de créativité déployée par la cible, et il doit également s'assurer du respect des contraintes de production et de sécurité, de l'efficience des modes d'action mis en œuvre.

Compétences tacites, compétences explicites

	Compétences explicites	Compétences tacites
Nature	Objectives et rationnelles	Expérimentales et subjectives
Formalisation	Documents, référentiels, procédures	Non formalisables, liées à l'expérience
Accessibilité	Visibles et accessibles	Personnelles
Modes de transmission	Formation, autoformation, tutorat…	Transfert de compétences
Modalités d'évaluation	Définies et normées (référentiels)	Spécifiques, adaptées à la nature de la situation
Critères d'évaluation	Contrôle de conformité, de respect des règles	Appréciation de l'efficacité, de la créativité

Les compétences tacites ne sont pas toujours des compétences critiques

Dans chaque organisation, chaque entreprise, la plupart des salariés détiennent et mettent en œuvre des « compétences tacites » que l'expérience leur a permis de construire, de consolider.

Ces compétences constituent généralement, du point de vue de ceux qui les détiennent, de bonnes pratiques dont ils ont mesuré l'efficacité et qu'ils mettent en œuvre chaque fois que la situation à laquelle ils sont confrontés le nécessite ou le permet.

Si elles ont montré leur pertinence et leur intérêt, elles sont souvent liées au contexte dans lequel évolue leur détenteur, elles correspondent à une organisation, à un mode de fonctionnement particulier, voire à une temporalité donnée.

Ces compétences tacites ont quelquefois permis de pallier des carences personnelles, des dysfonctionnements rencontrés de manière périodique au sein de l'organisation, ou encore des insuffisances de moyens. Aussi convient-il de s'interroger chaque fois sur la réelle plus-value de l'expérience dans leur maîtrise. Par exemple, pourquoi de jeunes salariés mieux formés, plus à l'aise dans la maîtrise de certaines techniques, ne réussissent-ils pas aussi bien voire mieux que des salariés expérimentés dans la gestion de certaines situations professionnelles ?

La pérennisation de ces compétences tacites, et donc l'éventualité de leur transfert à d'autres, n'est ainsi pas toujours envisageable ou souhaitable. Une réflexion préalable est nécessaire pour en mesurer l'intérêt. Cette analyse ne peut se faire qu'à partir d'une vision éclairée des évolutions de l'entreprise ou de l'organisation. Il s'agit dès lors de s'interroger sur l'opportunité réelle de la préservation de ces compétences tacites : sont-elles de réelles sources de performance ? Permettent-elles de maintenir un avantage concurrentiel, de conserver un niveau de qualité souhaité, de préserver un équipement, de satisfaire les attentes des clients… ?

C'est seulement après avoir mesuré les enjeux stratégiques du maintien et de la pérennisation de ces compétences que leur transfert pourra être envisagé.

L'intérêt du transfert dépend aussi de l'appréciation portée sur le risque de perte des compétences tacites détenues par des salariés expérimentés.

Le risque de perte peut être lié à plusieurs facteurs : des départs prochains à la retraite, des compétences détenues par un seul ou par un trop petit nombre d'experts, la rareté constatée de cette compétence sur le marché du travail et donc sa difficulté à la reconstituer.

La criticité des compétences

La décision de mettre en œuvre une démarche de transfert ne doit se faire qu'après une interrogation sur la criticité des compétences à transférer. Il s'agit de répondre à différentes questions :
• L'expérience est-elle un atout pour la maîtrise des compétences à transférer ?
• Le maintien des compétences à transférer présente-t-il un enjeu stratégique pour l'entreprise ?
• Les compétences à transférer sont-elles suffisamment « rares » pour qu'il y ait un risque de perte ?

La nature des compétences et leur mode de transfert

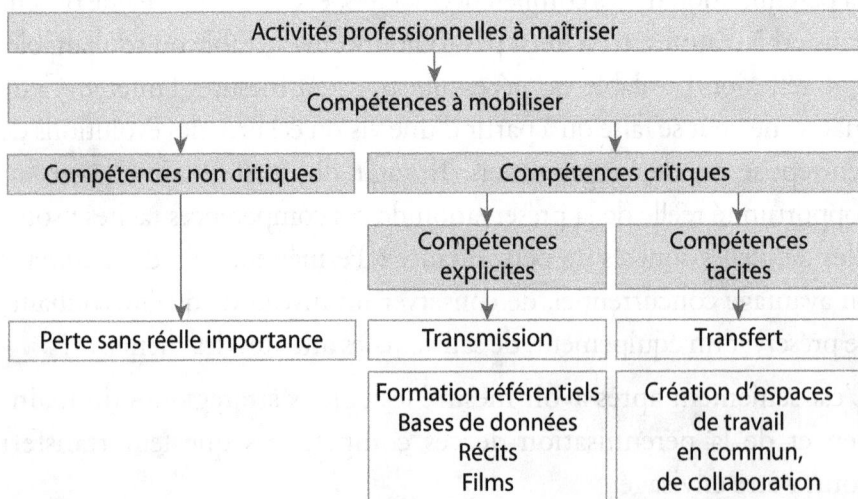

Les compétences explicites et tacites sont complémentaires en situation de travail

Les paragraphes précédents pourraient laisser croire que la distinction entre compétences tacites et compétences explicites se fait très simplement. Or, dans la réalité des situations de travail, elles sont mises en œuvre de manière complémentaire, et se renforcent mutuellement.

On peut donc associer des dispositifs de transmission de compétences explicites et de transfert de compétences tacites pour mettre en place un apprentissage global relatif à certaines situations professionnelles. On peut, à l'occasion du transfert, motiver et faciliter l'acquisition de savoirs formalisés et de compétences explicites. Ce point est d'autant plus important que toutes les entreprises, en particulier les PME, ne disposent pas toujours d'une ingénierie RH et d'un appareil de formation interne adapté.

Enfin, certaines compétences explicites peuvent aussi être critiques, au sens défini plus haut ; dans ce cas, il convient, pour en prévenir les risques de perte, de concevoir le bon dispositif de transmission (formation interne, externe...).

Chapitre 4

Le transfert de compétences, une démarche plutôt qu'une méthode

LE PROCESSUS DE TRANSFERT

L'expérience, tout comme les travaux conduits par un certain nombre de chercheurs, et en particulier Wesley M. Cohen et Daniel A. Levinthal[1], amènent à identifier cinq phases constitutives d'un processus de transfert.

Phase 1 : **la reconnaissance de la valeur** des compétences tacites à transférer. Il s'agit de la reconnaissance par la cible elle-même bien sûr, mais aussi par l'environnement professionnel (hiérarchie, encadrement, collègues). S'il n'y a pas reconnaissance de la plus-value et de la pertinence de ces compétences dans le contexte professionnel, il y a peu de chances que le processus de transfert se réalise.

Phase 2 : **l'effort d'acquisition** de la cible, largement lié et dépendant de la valeur que celle-ci accorde aux compétences à acquérir. Cet effort peut être accompagné et facilité à travers une démarche

---

1. COHEN Wesley M., LEVINTHAL Daniel A. « Absorptive capacity: A new perspective on learning and innovation », *Administrative Science Quarterly,* 35, 1990, p. 128-152.

construite visant en particulier à favoriser le développement de la collaboration entre le transférant et la cible.

Phase 3 : **l'assimilation** par la cible des compétences transférées. Une fois les compétences reconnues et rendues accessibles, la cible, si elle en a mesuré la valeur et l'intérêt, cherchera à les assimiler et à les comprendre. À cette fin, il conviendra de lui proposer d'être en situation d'exploiter ces compétences nouvelles avec succès.

Phase 4 : **l'adaptation** par la cible des compétences au contexte dans lequel elle évolue, ce qui implique qu'elle soit en capacité de les internaliser pour les transposer aux différentes situations qu'elle rencontre.

Phase 5 : **l'appropriation** par la cible des compétences pour les exploiter, les transposer dans d'autres contextes, en les transformant si nécessaire en vue de les améliorer.

Pour que le processus de transfert se mette en œuvre à travers ces différentes phases, il est indispensable, comme l'ont également souligné un certain nombre d'auteurs, que s'installe entre le transférant et la ou les cibles un climat de confiance et de reconnaissance mutuelle.

« Le transfert des connaissances peut être défini comme un processus dynamique et interactif qui s'appuie d'abord et avant tout sur l'édification d'interactions et de relations sociales de qualité (Kram, 1986 ; Nonaka, 1999 ; Rowley, 1997 ; Weick, 1995).

Cependant, pour que se nouent de telles relations, il est essentiel au préalable que les travailleurs des différentes générations cohabitent harmonieusement et, plus encore, qu'ils se perçoivent mutuellement de manière positive, autrement dit, que les travailleurs âgés acceptent leurs jeunes collègues comme une relève adéquate et une valeur ajoutée pour l'organisation et que les nouveaux arrivants jugent l'expérience des plus âgés nécessaire à leur propre parcours professionnel[1]. »

---

1. LAGACÉ Martine, BOISSONNEAULT Marie-Ève et ARMSTRONG Todd, « La cohabitation intergénérationnelle au travail : des questions de perceptions intergroupes et de transfert des connaissances », *Télescope,* vol. 16, n° 1, 2010, p. 193-207.

Ces deux éléments caractéristiques de la relation entre le transférant et la cible (l'édification d'interactions et de relations sociales de qualité d'une part, la reconnaissance réciproque de leur valeur professionnelle d'autre part) constituent des points clés de la réussite du processus de transfert.

LES PRINCIPES DU TRANSFERT

Transférer n'est pas cloner

La transmission des compétences tacites (compétences d'expérience) ne peut se faire à travers des modes de transmission classiques : il ne s'agit pas, comme on pourrait le faire pour des compétences explicites, de les formaliser, de les transcrire pour viser une appropriation *via* la médiatisation d'un document passif ou par la mise en place d'une relation pédagogique classique, dans laquelle le transférant explique à la cible ses « méthodes », ses « bonnes pratiques ».

Le risque est, dans ce dernier cas, que les propos du transférant ne portent que sur du savoir-faire idéalisé ou sur des modes opératoires, des modalités d'action formels tels qu'ils sont déjà définis par les procédures et par les règles.

Or, les compétences et l'expertise construites avec l'expérience ne se limitent pas à la réalisation de tâches prescrites : elles sont le fruit d'expériences conduites, d'erreurs analysées, d'incidents gérés, de difficultés surmontées ou d'hésitations traitées, voire de choix personnels de transgression de certaines rigidités des procédures.

La difficulté qu'a en général le transférant pour se centrer sur l'expérience réelle tient pour une part à la crainte de ne pas se montrer conforme aux attentes, aux prescriptions, aux normes et aux procédures établies par la direction, et, pour une autre part, à la réelle incapacité à formaliser seul son expérience.

Le regard d'un psychologue clinicien

« En tant que clinicien, ce qui me frappe d'emblée est justement ce terme de transfert. Il est clairement exprimé dans cet ouvrage que l'objet du transfert de compétences est un ensemble de compétences tacites mobilisées par la mémoire implicite, celle qui permet de retrouver des informations de manière inconsciente. Cette dimension inconsciente permet de faire le parallèle avec le transfert entendu au sens psychanalytique du terme.

Selon Laplanche et Pontalis[1], "le transfert désigne, en psychanalyse, le processus par lequel les désirs inconscients s'actualisent sur certains objets dans le cadre d'un certain type de relation établi avec eux et éminemment dans le cadre de la relation analytique. Il s'agit d'une répétition de prototypes infantiles vécue avec un sentiment d'actualité marqué "

C'est dans cette perspective, selon moi, que la phrase de Paul Olry prend tout son sens : "Ce qui est transféré, c'est ce que le destinataire en fait."

En effet, chaque "cible" va accueillir ce que transfère le transférant en fonction de ce qu'elle (la cible) est. Pour employer une métaphore, on pourrait dire que, selon notre parcours de vie, selon notre environnement psychoaffectif, nous n'avons pas tous construit les mêmes cordes sur notre violon interne. Nous disposerons de cordes de textures différentes, de qualités différentes, qui résonneront plus dans les graves ou plus dans les aigus (ce qui n'empêchera pas pour autant des réaménagements tout au long de la vie).

Cela revient à dire, et c'est ce qui est dit ici, que, pour une situation donnée de transfert de compétences, il n'y aura pas une seule façon de réagir ; cela va être lié à la manière dont le monde psychoaffectif de la "cible " va entrer en résonance avec ce que le transférant est en train de transférer. Ceci sera intimement lié au soin avec lequel le consultant aura instauré le dispositif de transfert de compétences dans le cadre institutionnel. »

Pierre Carton, psychologue clinicien, Paris

---

1. LAPLANCHE Jean, PONTALIS Jean-Bertrand, *Le Vocabulaire de la psychanalyse*, Paris, PUF, 1967.

Il ne s'agit donc pas de chercher à installer une situation de transfert dans laquelle le transférant expliquerait, montrerait à la cible comment faire en lui demandant de reproduire des gestes, des attitudes professionnels conformes à ce qui est formalisé et considéré comme la bonne pratique, la norme.

Selon Paul Olry, professeur en sciences de la formation à AgroSup Dijon, « ce qui est transféré, c'est ce que le destinataire en fait ».

Transférer, c'est faire face ensemble à des situations complexes

Le transfert des compétences tacites ne peut se faire que si la cible a la capacité et la possibilité de se trouver en situation de « faire avec » le transférant.

Faire avec, ce n'est pas faire faire ou même montrer comment faire. Faire avec, c'est être confronté en même temps à la même situation professionnelle, en traiter ensemble les difficultés, échanger sur les actions mises en œuvre, repérer les gestes professionnels pertinents à développer, analyser les problèmes rencontrés et la façon dont ils ont été gérés…

« La connaissance (compétence) ne se transfère pas d'un individu à l'autre – ou vers d'autres types de récepteurs –, elle se partage entre acteurs consentants et volontaires[1]. »

Pour cela il faut qu'une véritable relation de confiance s'établisse entre le transférant et la cible. C'est cette confiance qui leur permet de gérer ensemble des situations complexes, d'en traiter les difficultés, en reconnaissant mutuellement la capacité de chacun à concevoir une partie de la solution.

« La transformation des connaissances tacites en de nouvelles connaissances tacites se produit par "socialisation" impliquant interactions et

---

1. TASKIN Laurent, VAN BUNNEN Gabriel, « Du transfert au partage », *La Libre Entreprise,* 14 août 2010, p. 8.

convivialité, mettant en lien de confiance et de réciprocité des indivi-dus qui souhaitent partager leur expérience et leur savoir-faire[1]. »

Pour que le transfert se fasse, il faut que le transférant et la cible aient à gérer ensemble des situations professionnelles complexes dans les-quelles il convient de mobiliser les compétences à transférer.

En effet, si la situation professionnelle est complexe, le transférant, pour la gérer, va se mobiliser davantage et puiser dans l'ensemble de ses ressources. Il « dévoile » alors les compétences tacites que l'expé-rience lui a permis de développer, laisse paraître ses modes personnels d'action, les bonnes pratiques qu'il a construites au cours du temps.

La cible, pour sa part, même si elle n'en est pas toujours convaincue au départ, est tout naturellement conduite à reconnaître la qualité et l'efficacité du travail du transférant et la réalité de ses compétences ; elle constate souvent que sans la présence du transférant elle n'aurait pas su gérer la situation, ou, tout du moins, l'aurait fait de manière moins pertinente.

Cette prise de conscience contribue largement à la réalité du trans-fert, elle va amener la cible à s'investir pour chercher à s'approprier une partie des compétences du transférant.

C'est la complexité et la diversité des situations professionnelles sur lesquelles le transférant et la cible pourront travailler ensemble qui feront la qualité du transfert.

Transférer, c'est s'inscrire dans un dispositif et le respecter

Le dispositif de transfert doit être défini en amont de sa mise en œuvre. Il convient pour cela de préciser le rôle de chacun des acteurs (le transférant, la cible, l'encadrement) et de choisir les situations qui serviront de support au transfert.

---

1. *Capital-Québec* (magazine de la CCI de Québec), février-mars 2009.

Les situations dites de transfert doivent être choisies en tenant compte de trois critères :

- elles doivent être suffisamment complexes pour que le transférant soit confronté à la nécessité de mobiliser ses compétences d'expérience dans leur gestion ;
- elles ne doivent pas être trop spécifiques afin que la cible puisse transposer la situation vécue à d'autres contextes ;
- elles doivent être suffisamment « pédagogiques » pour permettre à la cible d'accéder aux compétences mises en œuvre.

La qualité du transfert est étroitement liée à la pertinence des situations de transfert : leur choix est donc particulièrement important.

Le transférant est le seul qui puisse définir les situations sur lesquelles pourra s'opérer le transfert, mais il a souvent besoin d'un accompagnement du consultant pour en faciliter l'identification et en effectuer le choix.

Pour rendre plus aisée la détermination des situations de transfert, il convient que le transférant puisse répondre aux trois questions suivantes :

- Quelles sont les situations professionnelles qu'il a à gérer dans sa fonction et qui lui paraissent complexes ?
- Quelles sont celles pour lesquelles l'expérience est un atout qui lui permet de réagir plus rapidement et plus efficacement ?
- Quelles sont celles pour lesquelles il n'existe ni procédure ni instruction précise ?

Pour chacune des situations choisies, les modalités de collaboration entre le transférant et la cible doivent être définies avec précision : fréquence, calendrier, modalités pratiques, moyens à mettre en œuvre.

Il convient également de caractériser et de formaliser les critères d'évaluation (à quel moment le transférant considérera que la cible peut agir en autonomie et avec efficacité). Ce point, qui est un élément essentiel du processus de transfert, est souvent négligé ou mal défini. L'évaluation devra être partagée par le transférant et la cible, c'est un moment important d'échange et d'analyse des pratiques.

Tous les éléments ainsi définis et formalisés doivent être validés par l'entreprise, l'institution ; ils constitueront le **plan de transfert.**

Le regard d'un psychologue clinicien

« Pour décrire avec mes mots de clinicien ce que je perçois de la démarche de transfert de compétences, je vais faire appel à la théorie de l'analyse de groupe et d'institution, en me référant tout particulièrement à Jean-Claude Rouchy[1].

En effet, la démarche de transfert de compétences instaure un dispositif groupal réunissant trois personnes (le transférant, la cible et le consultant) dans un cadre institutionnel (l'entreprise). Selon Jean-Claude Rouchy, « le groupe est le chaînon manquant aussi bien dans l'anthropologie culturelle que chez Freud, où l'on passe directement de l'individu à la société ou à l'institution. Le groupe constitue l'espace intermédiaire – au sens de D. W. Winnicott[2] – entre le singulier et le collectif (et inversement). C'est dans et par le groupe que s'opère le passage entre l'intrapsychique et le psychosocial, entre imaginaire et réalité, entre représentation préconsciente et représentation sociale. »

Ainsi, la personne qui se trouve en position de transférant rejoue dans cette situation groupale ce qu'il a vécu antérieurement dans son groupe d'appartenance primaire et qu'il a déjà pu rejouer dans des groupes d'appartenance secondaires. Pour Jean-Claude Rouchy, « le groupe d'appartenance primaire est la matrice de l'identité culturelle du groupe ; c'est le creuset d'où procède l'individuation. Parents, fratrie, grands-parents, oncles et tantes, cousins proches, serviteurs, amis de longue date, baby-sitters ou même

1. Rouchy Jean-Claude, *Le Groupe, espace analytique,* Toulouse, Érès, 2008.

2. Winnicott D. W., *Jeu et réalité,* Paris, Gallimard, 1975.

animaux "familiers" font partie de l'espace imaginaire du groupe d'appartenance primaire. C'est là que s'élaborent les limites de l'individu et du groupe, du moi et du non-moi, de l'intérieur et de l'extérieur, de l'imaginaire et du réel. C'est à partir de ces éléments que l'individu appréhende la réalité, lui donne du sens et la construit dans ses systèmes explicatifs ».

Et nous rejouons, dans des groupes d'appartenance secondaires, ce que nous avons connu initialement dans notre groupe d'appartenance primaire. Pour Jean-Claude Rouchy, « les groupes d'appartenance secondaires sont tous les groupes institués au sein desquels des individus sont réunis. Ils complètent l'intériorisation culturelle et concrétisent l'appréhension de l'espace et du temps : ils ont donc une fonction de socialisation et d'intériorisation de normes et de valeurs. [...] Ces groupes d'appartenance, primaires ou secondaires, ont une triple fonction de contenant, d'espace transitionnel et d'images identificatoires ».

Et il me semble (tel que le préconise Jean-Claude Rouchy pour l'analyse de groupe et d'institution) que le facteur clé de succès de la démarche de transfert de compétences réside dans l'établissement d'un dispositif rigoureux, déterminé avec le consultant, dans le cadre de l'entreprise. Ce dispositif déterminant l'espace dans lequel ce qui se dit et ce qui se passe prend sens, peut être pensé et analysé. Ce dispositif devant être approprié au cadre institutionnel dans lequel il est mis en place. »

Pierre Carton, psychologue clinicien, Paris

Transférer, c'est faire avec

Notre expérience nous amène à ne pas être directifs dans la définition des modalités de mise en œuvre du plan de transfert. Nous ne nous immiscerons pas non plus dans la réalisation de ce plan. Les modalités sont liées à la situation elle-même, à l'environnement, à la culture de l'entreprise, de l'institution, à la personnalité du transférant et à celle de la cible.

Certains transférants sont plus à l'aise et se sentent plus sécurisés dans une relation de type didactique : ils expliquent, montrent, disent **comment il faut faire,** font faire, corrigent, font recommencer, et c'est ensuite seulement qu'ils échangent avec la cible.

D'autres mettent d'emblée la cible en situation de faire, interviennent en cas de difficultés ou de dérives pour expliquer, montrer **comment il aurait fallu faire** ; ils échangent tout au long de l'action, chaque fois que la situation le nécessite.

D'autres encore commencent par conduire et partager une analyse de la situation avec la cible ; ils l'amènent à se poser les questions qui permettent d'anticiper sur les actions à conduire, échangent avec elle sur leurs points de vue respectifs et définissent avec elle **ce qu'il convient de faire.**

La cible et le transférant échangent ensuite sur la pertinence des actions menées, sur les choix faits par le transférant. C'est à ce moment-là que la cible pose au transférant les questions qui lui permettent de décoder, de comprendre les réactions du transférant, les modes d'action choisis. Comme en général la cible a pu mesurer l'efficacité des compétences du transférant en situation, elle les adopte, se les approprie, même si l'on sait que, par la suite, elle les adaptera, les transformera en fonction de ses propres repères, de ses propres références.

Lorsque les conditions le permettent, la troisième posture apparaît plus efficace et plus propice à l'appropriation des compétences tacites.

Le suivi des actions de transfert (en particulier à travers le travail de capitalisation conduit par l'Anact[1]) permet d'identifier, sans que cela soit systématique et organisé, des modalités particulières de transfert qui interfèrent en permanence :

---

1. CONJARD Patrick, CASER Fabienne, *Transfert des savoir-faire d'expérience, enseignements liés au suivi et à l'évaluation d'un projet FSE de l'OPCA Forcemat,* Éditions de l'Anact, collection « Études et documents », 2009.

- ce qui peut s'apparenter à du tutorat en situation de travail (réalisation d'activités en situation réelle ou aménagée, afin de faciliter leur réalisation et de les rendre plus apprenantes) ;
- la simulation des situations de travail, notamment lorsque les situations réelles de travail ne permettraient pas le transfert, compte tenu, par exemple, des contraintes de production ou des exigences de qualité ;
- des temps d'échanges et de briefing à distance du travail (avant/après) entre transférants et cibles et/ou au sein d'un collectif de travail pour analyser et réfléchir sur des situations de travail particulières ;
- des temps d'apports de connaissances spécifiques portant sur des prérequis à maîtriser par la cible pour accéder aux savoir-faire d'expérience.

Comment transférer

Transférer, ce n'est pas expliquer ou montrer comment faire, ce n'est pas faire faire ; transférer, c'est faire avec.

Les postures du transférant et de la cible

La situation de transfert va induire une relation spécifique entre le transférant et la cible. La posture du transférant ne peut être assimilée à celle d'un hiérarchique, d'un formateur, d'un tuteur, d'un coach ou d'un collègue, mais elle est à rapprocher de celle, vieille comme le monde, de l'accompagnement et de la guidance des plus jeunes par les plus anciens. Cette posture peut d'ailleurs exister sans qu'il y ait une différence d'âge significative.

Les Canadiens l'ont largement décrite à travers le concept de « mentorat » :

« Cependant, ce terme que l'on pourrait croire nouveau, parce qu'il est redevenu à la mode, ne l'est pas du tout. M. Lafrance se plaît à rappeler ses origines. "Homère, dans son Odyssée, raconte qu'Ulysse, avant de quitter Ithaque, son royaume, pour se rendre à la guerre de Troie, confie son fils Télémaque à son ami Mentor avec pour mission de l'aider à gouverner le royaume. Homère présente Télémaque comme étant celui qui agit et Mentor comme celui qui guide."

Selon M. Lafrance, on retrouve toute l'essence du mentorat dans ce récit. Il donne un autre exemple : "Socrate (469-399 av. J.-C.) aimait à feindre l'ignorance et, sous prétexte de se renseigner, il interrogeait son interlocuteur pour le mettre dans l'embarras." En fait, il amenait ses interlocuteurs à tirer d'eux-mêmes des conclusions par des raisonnements justes[1]. »

Les trois définitions suivantes, proposées par Mentorat Québec (www.mentoratquebec.org), correspondent assez bien à nos formulations de transfert, transférant, cible :

Mentorat (transfert)

Relation interpersonnelle de soutien, d'échanges et d'apprentissage, dans laquelle une personne d'expérience investit sa sagesse acquise et son expertise afin de favoriser le développement d'une autre personne qui a des compétences à acquérir et des objectifs professionnels à atteindre.

Mentor (transférant)

Personne d'expérience qui possède l'assurance et la sagesse qui l'incitent à valoriser le transfert de ses acquis à d'autres personnes moins expérimentées. Elle est donc motivée et disposée à offrir ses compétences, ses connaissances et sa vision de la vie à un plus jeune, afin de soutenir ce dernier dans la réalisation de ses objectifs personnels et professionnels.

---

1. RIOUX Martine, « Le secret est dans le mentorat ! », *Capital-Québec*, février-mars 2009.

Mentoré (cible)

Personne en quête d'accomplissement personnel et professionnel, motivée à utiliser les connaissances, les habiletés, les valeurs offertes par un senior, afin que soit facilitée l'atteinte de ses objectifs personnels et professionnels.

La relation mentorale se caractérise par l'ouverture à l'autre, la réciprocité, la gratuité et le volontariat. Elle se développe à long terme, suffisamment pour faciliter le vécu des transitions personnelles et professionnelles, favoriser la réalisation de soi et contribuer au développement des deux personnes impliquées. Elle peut se développer dans le cadre de programme formel, quand une organisation favorise ce mode d'apprentissage et de développement personnel et professionnel. Elle a avantage à être encadrée par des règles éthiques définies en fonction des objectifs visés.

LES CONDITIONS DE RÉUSSITE DU TRANSFERT

Il convient de distinguer quatre catégories de conditions favorables au transfert de compétences : l'expertise et la mobilisation du transférant, l'adhésion de la cible, l'engagement de la direction de l'entreprise, et la qualité de l'environnement de travail.

L'expertise et la mobilisation du transférant

Le choix du transférant est une phase importante du processus de transfert. Il doit se faire à partir de trois critères : l'expertise avérée et reconnue dans la maîtrise des compétences « critiques » à transférer, les qualités pédagogiques, la motivation à transférer.

L'expertise et les compétences d'expérience du transférant

Nous retenons ici comme définition de l'expert celle du dictionnaire Larousse : « celui qui connaît très bien quelque chose par la pratique (du latin *expertus* : qui a éprouvé) ».

Celui qui est reconnu comme « expert » n'est pas celui qui connaît, ce n'est pas nécessairement celui qui explique, c'est avant tout celui qui agit et qui sait faire.

L'expertise du transférant doit être reconnue non seulement par l'encadrement et par la cible, mais aussi par les autres salariés.

Si tel n'était pas le cas, l'environnement ne comprendrait pas et ne partagerait donc pas le choix du transférant. Des réflexes de jalousie, d'opposition pourraient alors se développer et porter préjudice à la mise en œuvre du processus de transfert.

Le niveau d'expertise doit être suffisamment reconnu et le risque de perte suffisamment prégnant pour que les moyens (en temps, en matériel, en matière…) ne paraissent pas, à terme, excessifs en regard des enjeux.

Si tel n'est pas le cas, ou si la cible ne mesure pas la qualité de l'expertise du transférant, elle risque de ne pas s'impliquer dans le processus de transfert et donc de se démotiver. La cible doit pouvoir rapidement mesurer l'intérêt qu'elle a à s'approprier une partie des compétences d'expérience du transférant.

Les transférants qui ont participé aux dispositifs les plus réussis avaient entre dix et vingt ans (et parfois davantage) d'expérience dans l'entreprise, et avaient effectué une carrière très cohérente dans l'une de ses filières professionnelles : le commercial, la production, l'administration.

Cependant, la seule ancienneté ne doit pas être considérée comme un critère déterminant de choix du transférant, pas plus d'ailleurs que la seule maîtrise de compétences explicites.

L'expérience ne peut être systématiquement assimilée au comportement de routine défensif, auquel on pense souvent en parlant d'ancienneté.

La fidélité du personnel à une entreprise peut aussi permettre d'accéder à un niveau de compétences plus élevé grâce à l'expérience. Les transférants les plus impliqués dans les dispositifs mis en œuvre sont ceux qui ont progressé et renouvelé leurs pratiques tout au long de leur vie professionnelle, que ce soit pour entretenir leur propre niveau de performance ou pour maintenir celui de leur équipe et de leur entreprise.

Les qualités pédagogiques du transférant

S'il peut paraître légitime de s'interroger sur les qualités pédagogiques du transférant et d'en faire un des critères de choix, l'expérience a montré que cette question ne se posait jamais réellement. Tous les transférants rencontrés sont reconnus pour leur expertise et leur capacité à partager leur savoir et leurs pratiques. La capacité à partager son savoir est d'ailleurs bien considérée comme une des composantes de l'expertise.

« C'est pourquoi, quand un expert confirmé s'apprête à partir à la retraite, il s'avère qu'il a déjà, tout au long de sa carrière, partagé son savoir par sa participation à de nombreux projets, à des réseaux et éventuellement par ses initiatives pédagogiques de transmission. Dans le cas contraire... la personne n'est tout simplement pas un expert reconnu ! La plupart des méthodes dites de "capitalisation des connaissances" proposées durant les années 1990 ont presque toutes ignoré cette réalité[1]. »

---

1. BALLAY Jean-François, « Paradoxes de la transmission et de l'apprentissage dans un monde radicalement incertain », *Télescope,* vol. 16, n° 1, 2010, p. 1-20.

La motivation à donner

Même si les transférants sollicités jugent positive la reconnaissance de leur expertise, et de leur capacité à la transmettre, l'engagement dans un processus de transfert ne va pas toujours de soi. La motivation et la réalité de la mobilisation sont liées d'une part au contexte de l'entreprise, et d'autre part à l'histoire personnelle de chacun d'entre eux.

Les transférants les plus enthousiastes sont souvent ceux qui ont eux-mêmes bénéficié au cours de leur parcours professionnel d'une expérience de transmission de compétences significative.

Cette transmission a pu être le fait du management, comme en témoigne J. C. Letaud, responsable commercial chez Holcim :

« *J'ai rencontré des gens bien. J'ai eu des patrons très différents. Ils m'ont tout appris… Mon dernier patron était aussi un autodidacte. Il avait tellement travaillé qu'il était exigeant.*

Elle a pu aussi s'inscrire dans un parcours d'intégration organisé par l'entreprise :

« *À mon arrivée, j'ai été formé pendant deux ans. Je suis passé dans tous les services. Cela n'existe plus. J'ai fait des stages dans tous les services. À l'époque on pouvait aller voir tout le monde pour apprendre "en travaillant avec".*

Ceux qui sont proches de la retraite s'impliquent dans leur succession pour laisser une situation saine. Le fait d'être sollicité pour assurer un rôle de transférant contribue à valoriser à leurs propres yeux leur carrière passée et les aide souvent à préparer leur prochain départ :

« *Le contact m'a apporté une aide : la retraite c'est un grand remue-ménage. Cela m'a apporté quelque chose de plus confortable. Cela contribue à donner de l'importance au service, au poste. Bien préparer la succession diminue les risques pour l'entreprise.*

L'adhésion de la cible

Même si elle n'est pas toujours spontanée, l'adhésion de la cible au principe et à l'intérêt du transfert est un facteur nécessaire de sa réussite.

Cette adhésion passe d'une part par la reconnaissance des compétences du transférant, et en particulier de ses compétences d'expérience, et d'autre part par la prise de conscience de la chance ou de l'intérêt de les assimiler et de les intégrer.

La mise en situation, l'engagement de l'entreprise et sa capacité à donner à la cible des éléments de visibilité sur son avenir professionnel sont des éléments déterminants de cette adhésion.

« Plusieurs écrits scientifiques récents ont traité de la mobilité intergénérationnelle du savoir en milieu de travail et ont mis en garde contre les risques de rupture de la chaîne du savoir tacite quand les flux de transfert entre les générations viennent à se fragiliser par des incompatibilités, des frictions ou des mutations importantes dans les valeurs et les motivations associées à l'acquisition des connaissances tacites[1]. »

L'engagement de l'entreprise à tous les niveaux

Le rôle de la direction est fondamental. Elle doit :
- lancer le projet de transfert ou en confirmer l'intérêt ;
- arrêter la décision de mise en œuvre du projet de transfert ;
- valider le choix du transférant et de la ou des cible(s) ;
- s'impliquer dans l'évaluation de la criticité des compétences à transférer ;
- valider ou amender le plan de transfert en justifiant et en discutant ses éventuelles remarques ou réserves (contraintes de sécurité, de disponibilité justifiées…) ;

1. LAMARI Moktar, « Le transfert intergénérationnel des connaissances tacites : les concepts utilisés et les évidences empiriques démontrées », *Télescope,* vol. 16, n° 1, 2010, p. 39-65.

- veiller à ce que les engagements pris en termes de disponibilité, de moyens affectés soient respectés ;

- manifester son intérêt tout au long du processus (toute intervention pouvant laisser supposer que le transfert n'est pas important et stratégique pour l'entreprise entraînerait une démotivation irréversible des acteurs, et en particulier du transférant).

L'état d'esprit du directeur de l'usine KP1, Philippe Gensana, est de ce point de vue significatif :

> *Je voulais trouver comment améliorer la vie au travail, comment les rendre heureux, comment améliorer les compétences dans mon atelier.*

Le transfert doit s'inscrire dans un contexte de gestion des ressources humaines cohérent : les conséquences du transfert pour le transférant (valorisation, évolution de sa fonction) et pour la cible (prise en compte des compétences acquises, évolution de son poste) doivent être anticipées et prises en compte.

La qualité de l'environnement

L'influence de l'environnement dans lequel évoluent le transférant et la cible sur la réussite du transfert a été évoquée à plusieurs reprises.

L'organisation et l'ambiance du travail, l'organisation de la production, les modes de gestion des ressources humaines ont un rôle essentiel : ce sont eux qui, en grande partie, créent ou non un environnement favorable au transfert. De ce point de vue, un certain nombre d'éléments de caractérisation peuvent être identifiés et analysés : ceux que nous retenons ici se retrouvent en partie dans l'article de Moktar Lamari[1].

---

1. LAMARI Moktar, « Le transfert intergénérationnel des connaissances tacites : les concepts utilisés et les évidences empiriques démontrées », *Télescope*, vol. 16, n° 1, 2010, p. 39-65.

La qualité des relations de travail

Les habitudes d'échanges informels et de travail en équipe de personnes de formations et de générations différentes favorisent la construction de dispositifs de transfert. Les équipes à forte intensité relationnelle collective et ayant des valeurs partagées savent déjà depuis longtemps assurer la continuité de leur expertise, par la sollicitation naturelle des plus anciens (quand leur savoir-faire est utile).

Les entreprises qui favorisent la prise d'initiatives, réduisent les lourdeurs d'organisation pyramidales strictes, facilitent les relations horizontales, et auront plus de facilité à convaincre (et à mobiliser) l'encadrement opérationnel de l'intérêt de la mise en place des processus de transfert.

Dans les contextes de travail dans lesquels les interactions entre les différents acteurs sont importantes, et ce indépendamment de leur âge, de leur formation, de leur fonction ou de leur statut, les cibles et les transférants seront plus faciles à mobiliser. En effet, l'existence de relations interpersonnelles assez conviviales diminue les éventuelles réticences liées à la crainte d'être mis en avant ou de se singulariser.

L'existence d'un climat de confiance ou la possibilité de créer une relation de confiance autour du transfert entre les acteurs concernés est une condition particulièrement importante de la réussite du dispositif : confiance entre la hiérarchie et le transférant, confiance entre la hiérarchie et la cible, qui doit pouvoir agir en ayant droit à l'erreur, confiance entre le transférant et ses collègues, qui doivent accepter qu'un des leurs soit distingué comme « sachant ». Un tel climat ne peut se décréter au moment de la mise en place du transfert : il doit préexister sur d'autres sujets au sein du collectif de travail.

La souplesse de l'organisation de la production

Les organisations qui ont mis au point des modes de régulation de la production favorisant la flexibilité et l'ajustement aux situations nouvelles ont moins de difficultés à mettre en place les conditions favorables à la réussite des plans de transfert. En effet, ceux-ci impliquent souvent d'adapter l'organisation pour créer des situations de collaboration entre le transférant et la cible (flexibilité).

La reconnaissance de la place accordée à la responsabilité et à l'initiative comme source d'innovation pour faire face à des situations nouvelles et à des besoins de changement est généralement favorable à la construction et à la valorisation de compétences d'expérience. Les responsables opérationnels ont dans ce cas plus souvent conscience de l'intérêt, voire de la nécessité de ne pas laisser ces compétences disparaître ou s'éroder, et ils sont de ce fait intéressés par les processus de transfert (développement de l'innovation).

La pratique « habituelle » d'élaboration de solutions collectives et participatives facilite énormément la définition et la mise en place des situations de coopération nécessaires au transfert (collaboration).

Enfin, les pratiques managériales qui accordent une véritable place à chaque individu dans le processus de création de valeur et qui reconnaissent ainsi l'apport des compétences de chacun savent qu'un organigramme figé qui borne les marges d'initiative ne peut suffire à garantir un bon fonctionnement. Dans ce cas, responsables RH et managers opérationnels seront sensibles à l'intérêt de ne pas perdre le patrimoine de compétences tacites dont ils ont ainsi facilité le développement (cf. la plus ou moins grande valeur accordée aux compétences individuelles).

Le mode de gestion des ressources humaines

Les processus de gestion des ressources humaines qui valorisent et favorisent le développement des compétences à travers des processus formels de formation continue ou des dispositifs informels de collaboration et de formation en situation de travail pour l'ensemble des personnels (et non selon l'âge ou la fonction) obtiendront facilement l'adhésion de l'ensemble des acteurs concernés par le transfert. Ce dispositif apparaîtra cohérent avec les autres actions menées dans le domaine du développement des compétences.

Certaines organisations anticipent les risques de perte de compétences critiques et se dotent d'une gestion des ressources humaines qui planifie la relève des salariés partant à la retraite. Dans ce cas, elles savent anticiper les recrutements ou les remplacements et permettre ainsi à ceux qui partent et à ceux qui vont les remplacer de collaborer et de faciliter de cette façon le transfert des compétences critiques. Elles assurent, dans la continuité, un maintien de l'expertise et favorisent le développement des relations intergénérationnelles. La relève est planifiée.

Les conditions de réussite du transfert

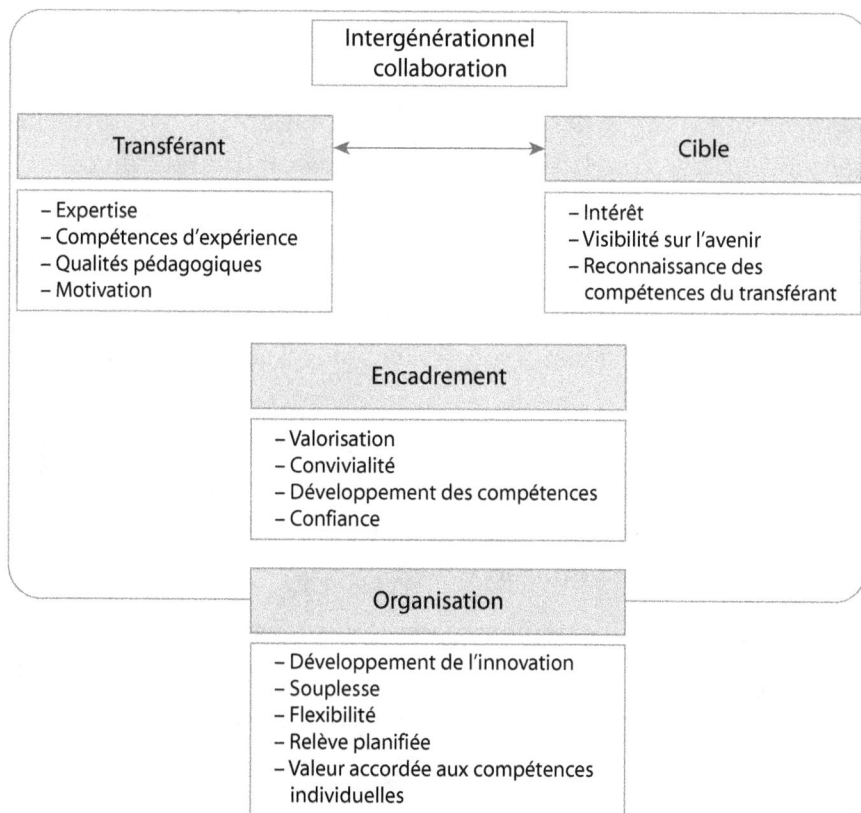

Intergénérationnel
collaboration

Transférant	Cible
– Expertise – Compétences d'expérience – Qualités pédagogiques – Motivation	– Intérêt – Visibilité sur l'avenir – Reconnaissance des compétences du transférant

Encadrement

– Valorisation
– Convivialité
– Développement des compétences
– Confiance

Organisation

– Développement de l'innovation
– Souplesse
– Flexibilité
– Relève planifiée
– Valeur accordée aux compétences individuelles

LES IMPACTS DU TRANSFERT

Valoriser le transférant

Le transfert de compétences est un vecteur de reconnaissance des salariés d'expérience. À l'heure où l'on s'interroge sur le maintien dans l'emploi des seniors, il constitue une piste intéressante pour leur valorisation.

La reconnaissance des transférants s'exprime tout au long du dispositif de transfert, notamment au travers de :

- la valorisation de l'expertise issue de l'expérience (les transférants sont à cette occasion étonnés de l'importance qui leur est accordée) ;
- la responsabilité de la transmission, qui représente une preuve réelle de la confiance qui leur est témoignée par l'entreprise.

Si le dispositif de transfert a été rigoureusement établi, si le rôle de chacun a été clairement défini, si les objectifs de transfert ont été précisément formulés, si les modalités d'évaluation ont été formellement indiquées, alors la reconnaissance et la valorisation du rôle du transférant seront faciles à construire.

Il convient de noter également que le fait de se trouver en situation de transférant (mentor) réveille fréquemment des souvenirs personnels : les transférants font le lien avec leur propre histoire et évoquent l'image de ceux qui les ont formés, accompagnés, accueillis au cours de leur vie professionnelle ou personnelle et pour qui ils ont souvent des sentiments de reconnaissance, d'admiration. Le transfert est alors vécu comme une façon de s'inscrire dans une chaîne transgénérationnelle de transmission.

C'est ce qu'illustrent ces témoignages apportés par deux transférants :

« *Ce que vous me demandez de faire, c'est comme ce qu'a fait mon grand-père quand il m'a appris à pêcher.* (Responsable de carrière, transférant.)

> *Quand je suis arrivé dans l'entreprise, ce sont les anciens qui m'ont appris mon métier, c'est normal qu'aujourd'hui je fasse la même chose.* (Responsable commercial, transférant.)

La démarche de transmission est également vécue comme une contribution à la pérennisation de l'entreprise : la plupart des transférants ont montré de l'attachement à l'entreprise dans laquelle ils ont souvent fait toute leur carrière ; leur implication est alors vécue comme une manière de rendre à l'entreprise une part de ce qu'elle leur a apporté.

Lorsque le processus de transfert est accompagné par un consultant externe, le transférant apprécie les moyens mobilisés par l'entreprise, et la qualité de la relation établie avec le consultant est souvent un facteur de mobilisation très important et donc un élément clé du succès du transfert.

Un transférant analyse ainsi *a posteriori* sa décision de s'impliquer dans le dispositif de transfert :

« *J'ai accepté grâce au consultant et parce que j'avais une bonne idée sur mon successeur.* (Responsable technique, Holcim granulats.)

Enfin, le décalage des niveaux d'études entre le transférant et la cible (les plus jeunes sont souvent beaucoup plus diplômés) n'est pas un obstacle, il est en général perçu très positivement par les transférants.

Développer les collaborations intergénérationnelles

Dans la plupart des situations observées, le transfert ne se réduit pas à la simple transmission à sens unique des plus anciens vers les plus jeunes, mais induit le développement de flux d'échanges et de partages réciproques. De ce point de vue, les modalités préconisées pour la mise en œuvre du transfert (gestion partagée de situations professionnelles complexes) facilitent largement les échanges « professionnels » et les coopérations favorables aux transferts croisés.

Aujourd'hui, compte tenu de l'élargissement de la pyramide des âges, le développement des collaborations intergénérationnelles devient un des enjeux du management. Le partage intergénérationnel, s'il demeure difficile à mettre en œuvre, présente un intérêt certain : il permet de combiner des compétences variées, et en particulier les connaissances explicites et « actualisées » détenues par les plus jeunes avec les compétences tacites des salariés plus expérimentés.

Des actions de fertilisation croisée des compétences ont pu se développer à travers des actions de transfert, comme en témoigne Philippe Gensana :

> « *Les plus expérimentés étaient complexés pour utiliser les technologies automatisées. Les plus jeunes n'avaient pas les savoir-faire de précision, de correction pour obtenir de la qualité. [...] On a mis ensemble les plus jeunes et les plus vieux, puis on a lancé une ligne de fabrication avec cinq/six personnes au lieu de trois, avec plus de temps, sans aucune contrainte de productivité (un banc au lieu de deux) [...] Ce qui n'était pas prévu : les transferts ont été réciproques : les vieux se sont décomplexés face aux machines.*

Faire évoluer le regard de l'encadrement

Lorsque l'encadrement, et en particulier l'encadrement de proximité, est impliqué tout au long du processus de transfert, il n'est pas rare de constater une certaine évolution du regard qu'il porte sur les salariés les plus âgés.

Certains responsables prennent conscience de la réalité et de la plus-value des compétences d'expérience de leurs collaborateurs. Les plus jeunes réalisent parfois que, au-delà de ce qui est prescrit, il existe des modes d'action, de réalisation spécifiques et singuliers que les salariés d'expérience ont développés et qui montrent leur efficacité.

Ils mesurent l'intérêt qu'il y a à vaincre une certaine appréhension à manager, voire à recruter des salariés plus âgés, plus expérimentés.

Ne pas avoir peur du transfert

Favoriser le transfert implique pour l'encadrement de ne pas avoir peur d'en savoir moins que certains de ses collaborateurs, d'accepter de ne pas être le seul vecteur de transmission des bonnes pratiques, de faciliter la mise en place d'un dispositif rigoureux de transfert de compétences.

Chapitre 5

Le transfert de compétences et le tutorat : des méthodes complémentaires

Si, pour décrire les dispositifs de transfert, nous n'avons pas repris la terminologie des formations en alternance en faisant appel au concept de tuteur et d'apprenant, c'est parce que les principes et les modalités de mise en œuvre sont sensiblement différents.

Le développement des formations en alternance est une priorité de longue date, à la fois pour lutter contre l'échec scolaire et le chômage des jeunes et pour mieux répondre aux besoins des entreprises s'agissant de la professionnalisation de leurs recrutements[1].

La part professionnelle de l'alternance s'appuie sur le tutorat. Les fonctions de tuteur se sont développées, elles s'exercent ailleurs que dans les entreprises artisanales et les métiers manuels destinés en

---

1. La montée du chômage des jeunes pendant les années 1980 a favorisé l'existence et la montée en charge des dispositifs de contrats d'apprentissage et de qualification. Les quarante-cinq plus grandes entreprises françaises sont toutes signataires de la charte de l'apprentissage élaborée par Henri Lachmann en 2005. Elles ont participé à l'élaboration des recommandations du rapport « Promouvoir et développer l'alternance » remis au président de la République par Henri Proglio en décembre 2009.

priorité à des publics de jeunes sortis trop tôt du système scolaire pour accéder aux formations générales. Les dispositifs de formation en alternance ont acquis leurs lettres de noblesse en s'implantant dans l'ensemble des secteurs et des entreprises, y compris les plus grandes, et dans l'ensemble des formations, y compris celles des grandes écoles d'ingénieurs. L'alternance concerne maintenant tous les niveaux de qualification, le tutorat pourrait par conséquent concerner tous les métiers de l'entreprise.

Le développement des stages alternés participe de la même logique : on ne peut se passer d'un apprentissage du travail par le travail. Les stagiaires, selon leur niveau de formation et la durée des stages, sont souvent inscrits dans des dispositifs de suivi qui s'apparentent ou sont similaires à ceux des formations en alternance.

Les dispositifs de formation en alternance sont établis sur une relation tripartite entre l'entreprise et son ou ses tuteurs, le jeune apprenant ou stagiaire, et le centre de formation et ses formateurs. Dans ce contexte, les tuteurs ont pour mission de prendre en charge les jeunes tout au long de leur formation. Cette prise en charge couvre à la fois les aspects réglementaires et administratifs du contrat et l'organisation du travail, et ce en lien avec le centre de formation.

Le rôle du tuteur est parfois réparti entre plusieurs acteurs, avec un tuteur hiérarchique et administratif, un tuteur relais, et un ou plusieurs tuteurs opérationnels (au quotidien). Leur mission principale consiste à mettre en place une articulation, une complémentarité ou, à tout le moins, à veiller à la cohérence de la formation entre l'entreprise et le centre de formation.

Les tuteurs sont aidés dans leur mission par un « référentiel formation » mis à leur disposition par l'organisme de formation ; ils tentent, en s'appuyant sur cet outil, d'éviter que leur mission n'interfère avec celle des formateurs, en respectant la cohérence d'ensemble. Le tuteur sélectionne les missions confiées au stagiaire, programme des « périodes » au sein de structures ou de postes de travail différents, et, au quotidien, transmet des consignes et des explications et en évalue la mise en œuvre.

La formation en alternance vise la professionnalisation dans son ensemble, du fait notamment de la dynamique commune d'apprentissage engagée en centre de formation et en entreprise. Les connaissances et compétences acquises dans les deux types de situations formatives doivent se renforcer mutuellement. L'évaluation de l'apprentissage est très régulière, ce qui, de fait, confère au tuteur un rôle hiérarchique très important.

Dans le meilleur des cas, les contrats en alternance constituent une forme de prérecrutement.

L'assimilation fréquente du tutorat au transfert des compétences d'expérience s'explique par le fait que ce sont deux apprentissages qui se réalisent en situation de travail, mais il s'agit en réalité de dispositifs bien distincts. Bien sûr, rien n'empêche un tuteur habile d'introduire, dans sa pratique de transmission, des possibilités de transfert de compétences d'expérience. Dans ce cas, il va au-delà de ce qui est prescrit et met l'apprenant en situation de transfert. Mais, en général, les tuteurs se sentent très liés par le respect des contraintes du dispositif de l'alternance, les programmes et les modalités d'examen, ainsi que par les contraintes de production.

Points communs et différences entre tutorat et transfert

	Tutorat-alternance	Transfert
Finalité	La professionnalisation ou maîtrise de la technicité d'un emploi, et la capacité à s'adapter à son environnement professionnel.	Le maintien de compétences d'expérience rares ou stratégiques au sein d'un collectif de travail.
Cadre-dispostif	Le centre de formation pilote le respect d'un cadre pédagogique précis. Il en est le garant vis-à-vis des jeunes et des entreprises, liés par un contrat de travail spécifique. Le cadre de la formation alterne les séquences académiques et les périodes en entreprise. Un pilotage global de l'alternance est souvent réalisé par la fonction RH dans l'entreprise ou dans la branche professionnelle.	Un échange de savoirs expérientiels entre individus, le plus souvent dans le cadre de la préparation d'une succession sur un poste. Le responsable opérationnel pilote l'opération de transfert. Un pilotage global est possible, mais sa portée est limitée.
Public	Les apprenants sont en cours de formation initiale ou continue, ils préparent leur recrutement ou accès à l'emploi.	Les cibles sont des professionnels qui disposent de l'ensemble des connaissances prérequises liées à l'emploi qu'ils vont prendre en charge, ou dont ils sont déjà titulaires.
Relation	Relation sachant/apprenant soit hiérarchique, soit marquée par l'exercice d'une autorité de fait.	Relation entre pairs qui ont un respect et une reconnaissance mutuels. L'échange des savoirs est possible et fréquent.
Pédagogie	Les connaissances et compétences à transmettre sont normées par un référentiel de qualification ou de formation. La pédagogie du tuteur est celle de l'exemple et du contrôle de la reproduction à l'identique.	Les compétences sont identifiées par l'entreprise en fonction de leurs caractéristiques et des priorités opérationnelles. Le « faire ensemble » pour permettre à la cible de recréer sa propre compétence d'expérience.
Évaluation	L'apprenant est évalué sur le respect de la norme et sur des critères d'efficacité et de conformité.	La cible est évaluée sur la pertinence et l'additionnalité.
Reconnaissance	L'obtention d'un diplôme pour l'apprenant, et la reconnaissance formelle de la fonction de tuteur (formation, rémunération, temps mis à disposition…).	Le flou et l'informel l'emportent. Le transférant est largement un bénévole, la cible n'est assurée d'aucun avantage en termes de carrière.

PARTIE 2

Comment mettre en œuvre une démarche de transfert ?

Depuis quelques années, le cabinet Itaque constatait dans de nombreuses entreprises, et en particulier chez leurs responsables opérationnels, une réelle prise de conscience, souvent liée à la proximité du départ à la retraite de certains salariés « expérimentés », des risques de perte de compétences.

Ces risques étaient généralement mal ou insuffisamment traités, les réponses proposées étaient jugées longues, coûteuses, et parfois peu efficaces… Le plus souvent, il s'agissait de mettre en place un « tuilage » entre le candidat au départ et son remplaçant, pendant plusieurs mois sans en définir précisément les objectifs. De ce fait, le bilan de ces actions faisait souvent état d'une insatisfaction partagée : des entreprises quant à la réalité du maintien du patrimoine de compétences, des « titulaires partants » quant à ce que l'on attendait d'eux, des remplaçants quant à ce qu'ils avaient appris.

C'est à partir de 2005, et pour répondre aux besoins de ses clients et partenaires, que le cabinet Itaque a conçu et diffusé un dispositif de « transfert de compétences[®1] ».

Les interventions réalisées dans ce domaine ont porté tant sur des compétences techniques directement liées à la production ou à la fabrication que sur des compétences managériales ou commerciales. Elles ont été conduites aussi bien dans des entreprises artisanales et de petites entreprises que dans des entreprises industrielles, des grands groupes ou des institutions[2].

Les outils et les méthodes élaborés et mis en œuvre pour accompagner cette démarche sont présentés dans cette partie.

---

1. Le « Transfert de compétences[®] » est une marque déposée par le cabinet Itaque auprès de l'Inpi (Institut national de la propriété industrielle).
2. Entre 2005 et 2010, les consultants du cabinet Itaque ont accompagné plus d'une centaine d'actions de transfert de compétences dans différents secteurs professionnels : carrières, industrie du béton, tuiles et briques, industrie du plâtre, céramique, alimentaire, social, construction, secteur forestier, recherche agronomique, expertise comptable, marbreries funéraires, jardins et espaces verts, viticulture, analyse médicale, agriculture, syndicats d'employeurs…

Chapitre 1

Lancer une démarche de transfert

LA SENSIBILISATION DES ENTREPRISES

Le risque de pertes de compétences

Depuis plusieurs années, la plupart des grandes entreprises ont pris conscience de la nécessité de s'intéresser aux risques démographiques. Afin de maintenir leur capital « compétences », elles se sont souvent lancées dans des démarches lourdes de formalisation des compétences sans toujours en tirer les bénéfices escomptés. En effet, les méthodes utilisées consistent généralement à tenter de capter les compétences d'expérience à travers le récit des salariés pour ensuite traduire et formaliser ce qui a pu être recueilli[1]. La transmission se fait alors par la mise à disposition des documents ainsi établis ou par des formations spécifiques s'appuyant sur ces documents.

Si ces différentes méthodes facilitent une bonne transmission des compétences explicites, elles ne permettent pas de recueillir et de transférer les compétences tacites.

---

1. Les films d'entreprise sont des instruments intéressants de la mémoire des gestes.

La mobilisation de l'OPCA Forcemat dans le développement d'actions de transfert de compétences

Dès la fin de l'année 2006, l'OPCA Forcemat, dont le rôle est de promouvoir et de mettre en œuvre la politique de formation de ces cinq branches professionnelles et d'organiser les actions d'intérêt collectif qu'elles décident selon des spécificités propres à leur secteur d'activité, a vu l'intérêt que le transfert de compétences pouvait représenter pour les PME de ces différentes branches.

Son analyse s'est construite en prenant en compte plusieurs facteurs :
• le choc démographique : 30 % de départs vont intervenir entre 2006 et 2012, et cette masse des départs risque de créer des difficultés ;
• des secteurs professionnels à très faible taux de turn-over ;
• des entreprises qui ont connu un fort développement dans les années 1970 et ont été amenées à licencier les plus jeunes pendant la crise des années 1990 ;
• des difficultés de recrutement dues à une faible attractivité des métiers.

En tenant compte des résultats d'opérations conduites à titre expérimental dans des entreprises du secteur du béton, l'OPCA s'est résolument engagé dans la promotion et le financement d'actions de transfert de compétences.

Il a largement diffusé le dispositif de transfert (baptisé TSE : transfert des savoirs de l'expérience) dans les entreprises de la branche et recherché des financements pour les accompagner auprès du Fonds social européen.

Sa mobilisation à travers notamment l'animation d'un réseau de délégués régionaux, chargés de mettre en place les démarches RH dans les entreprises, a permis la réalisation de cent actions de transfert, qui ont été conduites pour 70 % d'entre elles par le cabinet Itaque, et pour les autres par des cabinets eux-mêmes formés par Itaque.

Au-delà de la promotion du dispositif, Forcemat a participé à la préparation et à la formalisation des outils prêts à être mis en œuvre pour définir une offre de services « standardisée » adaptée aux besoins des entreprises adhérentes.

Il a renforcé le dispositif par la mobilisation de l'Anact dans un processus d'évaluation qualitative des actions.

Il s'est montré particulièrement vigilant afin d'éviter les risques qui auraient pu être liés à la démarche de transfert, et en particulier celui du retour à la seule formation sur le tas au détriment du recours à des formations métiers formalisées et reconnues.

D'après François Grauvogel, responsable recherche et développement de Forcemat au moment de la mise en œuvre du dispositif

Les entreprises artisanales sont depuis toujours installées dans une culture de transfert à travers notamment leurs habitudes de « compagnonnage » ou d'apprentissage traditionnel.

Les PME (petites et moyennes entreprises), elles aussi, prennent progressivement conscience du risque de perte des compétences d'expérience, qui constituent souvent leur cœur de métier et leur donnent un avantage concurrentiel. Elles sont, de ce fait, sensibles aux messages et aux propositions des différents organismes fédérateurs (OPCA[1], fédérations professionnelles…).

Les branches, un rôle indispensable pour agir vers les PME

Ce n'est pas un hasard si les pratiques de transfert des compétences se sont largement diffusées au moyen des accords de branche. En effet, les PME sont à la fois les moins impliquées dans des actions de GRH et cependant les plus sensibles aux risques de perte de compétences individuelles.

Les accords de branche et l'action des OPCA ont souvent permis de diffuser des outils de GRH communs, adaptés aux besoins des PME,

---

1. OPCA : organisme paritaire collecteur agréé.

et d'accompagner leur mise en œuvre, notamment au moyen de financements.

Les cadres collectifs négociés par les branches et appliqués par les OPCA ont fourni aux dispositifs de transfert un fort levier de développement. Ces accords signifient aussi que les organisations syndicales sont favorables à la mise en place de ces dispositifs compétences.

Forcemat et Formapap constituent deux exemples de cette diffusion dans des PME :

• Forcemat est l'OPCA de cinq secteurs industriels : les carrières et matériaux de construction, la céramique, les ciments, les tuiles et briques, la chaux. Les développements des démarches compétences et de transfert de savoirs d'expérience (TSE) ont permis de sensibiliser de nombreuses PME ou établissements appartenant à des groupes et ainsi de développer un grand nombre de missions de transfert (plus d'une centaine) ;

• Formapap est l'OPCA de la branche papiers et cartons.

Les partenaires sociaux de l'intersecteurs papiers-cartons ont signé un accord professionnel sur l'emploi et la valorisation du capital humain le 11 mars 2008, Générice, qui dans sa rédaction précise : « Grâce au bilan de préparation de retraite, l'entreprise peut y voir plus clair en matière de gestion des effectifs et ainsi créer les conditions du dialogue avec ses salariés. Pour l'entreprise, c'est un moyen de :

• préparer et anticiper les départs à la retraite de son personnel ;

• accompagner ses salariés dans leur seconde partie de carrière ;

• maintenir ses savoir-faire stratégiques ;

• mettre en place une véritable politique de gestion des âges. »

Il convient également de noter le rôle important qu'a pu jouer AGE-FOS PME dans certaines régions, en particulier en PACA dans la promotion du transfert de compétences auprès de ses adhérents, notamment auprès des PME et de certaines TPE (très petites entreprises).

LA COMMUNICATION PRÉALABLE DANS L'ENTREPRISE

Il convient d'être particulièrement vigilant quant à la forme et à la qualité de la première présentation qui est faite dans l'entreprise, et ce indépendamment du vecteur de communication (OPCA, syndicat professionnel, presse…) par lequel l'entreprise a été sensibilisée aux enjeux du transfert et aux démarches possibles.

Dès la première rencontre, il convient d'expliciter et de faire prendre conscience des conditions nécessaires à la mise en œuvre d'une démarche de transfert de compétences non seulement au chef d'entreprise, mais aussi, et surtout, à l'encadrement direct du transférant et de la cible.

Il est d'autre part très important d'avoir rapidement (si possible le même jour) un entretien en tête à tête avec le transférant pour le rassurer, répondre à ses premières questions, obtenir un accord de principe sur son adhésion.

Les représentants des salariés doivent également, lorsque cela est possible, être tenus informés précisément et le plus rapidement possible des enjeux et des conditions de mise en œuvre du processus de transfert.

La première rencontre avec la ou les cible(s) est souvent différée pour permettre à l'encadrement de préciser le choix de la ou des personne(s) concernée(s) et de les informer des attentes de l'entreprise à leur égard.

LE DIAGNOSTIC D'OPPORTUNITÉ

La nécessité d'un diagnostic d'opportunité

Quelle que soit la qualité de la présentation des enjeux et du dispositif de transfert, on se trouve rarement dans la situation idéale où un responsable opérationnel a diagnostiqué un risque de perte de compétences et en a fait état à un responsable des ressources humaines qui a étudié la situation, délimité un type d'intervention et su trouver et solliciter les ressources nécessaires pour répondre au problème.

La situation ne se présente pas souvent ainsi, pour plusieurs raisons :

• les responsables opérationnels sont accaparés par la production, par la gestion du quotidien, ils n'ont pas spontanément une réflexion sur la gestion des compétences de leur équipe. S'ils reconnaissent avoir une part de responsabilité, ils maîtrisent rarement le sujet « compétences », en raison notamment du manque de recul nécessaire à l'analyse ;

• les responsables des ressources humaines, même s'ils ont un rôle reconnu dans l'entreprise, ne connaissent pas toujours la possibilité d'effectuer des opérations de transfert sans se lancer dans des démarches lourdes et coûteuses d'ingénierie de compétences et de formation (celles-ci peuvent cependant être indispensables à la réussite de certains objectifs assignés à la fonction RH) ;

• de nombreuses entreprises n'ont pas de responsables des ressources humaines dédiés à un site, en particulier les PME, où c'est souvent le dirigeant qui assume cette fonction, mais sans disposer ni de la possibilité de mettre en place des « outils » de diagnostic fiables en matière de gestion des compétences, ni du temps nécessaire à l'observation.

L'intervention du consultant a souvent été provoquée grâce à la « promotion » de « décideurs intermédiaires » financeurs et prestataires de services qui intervenaient dans les entreprises d'un secteur professionnel spécifique[1]. Ces intermédiaires ont généralement eu pour rôle de présenter et de promouvoir le dispositif de transfert auprès de leurs réseaux d'entreprises adhérentes ou partenaires, et de

---

1. L'OPCA Forcemat a été un relais particulièrement important des démarches de transfert en décidant de les proposer à l'ensemble des entreprises de la branche.

faire émerger des besoins en repérant essentiellement les entreprises concernées par l'urgence démographique des départs à la retraite.

Compte tenu de la difficulté des acteurs internes, et en particulier des services des ressources humaines, à mesurer la réalité et la nature véritable du besoin de transfert, il apparaît indispensable, avant le lancement de toute démarche, de conduire un diagnostic de la situation.

Ce diagnostic doit permettre de valider la pertinence du besoin et d'analyser la faisabilité et les chances de réussite du dispositif.

Les résultats de ce diagnostic d'opportunité, que celui-ci soit conduit par un consultant interne ou par un consultant externe, sont destinés à l'entreprise, et c'est seulement à leur lecture que les acteurs concernés pourront décider collectivement de mettre en œuvre ou non un processus de transfert.

Les modes d'approche d'un diagnostic d'opportunité

L'organisation et la conduite du diagnostic d'opportunité vont être adaptées à l'axe d'analyse choisi. Deux entrées sont possibles : l'une par l'organisation, l'autre par l'individu.

À la différence de l'approche individuelle, l'approche par l'organisation privilégie une analyse collective de la compétence.

On commence par s'interroger sur la création de valeur de l'entreprise (quel est son cœur de métier, quels sont les produits, les services au client distinctifs de l'entreprise et pour lesquels le développement, le maintien de la qualité, de la productivité sont des facteurs de compétitivité, voire de survie ?).

Qui peut conduire un diagnostic d'opportunité ?

Les enjeux du diagnostic, la nature du questionnement à conduire, la nécessaire implication de l'encadrement dans l'analyse des compétences réelles et des organisations, et la prise de recul et la neutralité nécessaires rendent souvent plus difficile la conduite du diagnostic par un acteur interne à l'entreprise.

Il faut cependant noter qu'une partie des questions à traiter au cours du diagnostic d'opportunité peuvent être posées par les services des ressources humaines lorsqu'ils existent.

Dans ce cas, il conviendra plutôt de parler de prédiagnostic. Celui-ci portera essentiellement sur une analyse du besoin menée sur la base d'une approche de type « gestion prévisionnelle des emplois ». Il sera en général conduit à travers l'analyse de la pyramide des âges et l'analyse des emplois en cherchant à identifier s'il existe un risque réel de voir disparaître des métiers « rares ». Il aura plus de difficultés à mesurer la réalité de la motivation des acteurs et la présence des conditions nécessaires à la réussite.

Pour la conduite du diagnostic, la qualité et la représentativité des interlocuteurs rencontrés, le mode de questionnement, la posture du consultant (interne ou externe) sont des éléments à l'égard desquels il convient d'être particulièrement vigilant.

Un diagnostic d'opportunité mal établi risquerait d'engager à tort l'entreprise dans des actions de transfert de compétences qui ne correspondraient pas pour elles à un enjeu stratégique et dont la perte ne représenterait pas une véritable menace.

Il faudra également s'assurer de ne pas lancer des actions de transfert sans que l'entreprise en ait identifié les contraintes et le coût.

On cherche ensuite à identifier les secteurs, les services de l'entreprise les plus impliqués, les plus sensibles au regard de ses objectifs de développement stratégique (services de production, de recherche et de développement, commercial, de gestion…).

Une fois ces secteurs ou services repérés, on analyse les compétences qui y sont maîtrisées. On cherche à identifier qui les détient, et enfin on évalue le risque de perte (départ futur du ou des détenteur(s), compétences détenues par un trop petit nombre de salariés…)

L'approche par l'individu est celle qui est le plus souvent développée parce qu'elle est plus directement liée à la réflexion des entreprises sur la gestion des âges. Dans cette approche, on commence par s'interroger sur les compétences du salarié généralement identifié pour son expertise (maîtrise de compétences rares dans l'entreprise et correspondant à son cœur de métier ou de compétences stratégiques pour son développement ou sa pérennisation), et on analyse ensuite leur criticité (liée entre autres à leur importance stratégique et à leur risque de perte).

Ces deux approches, qui peuvent être complémentaires, se structurent suivant les mêmes principes d'analyse et d'investigation.

L'approche diagnostic par l'organisation

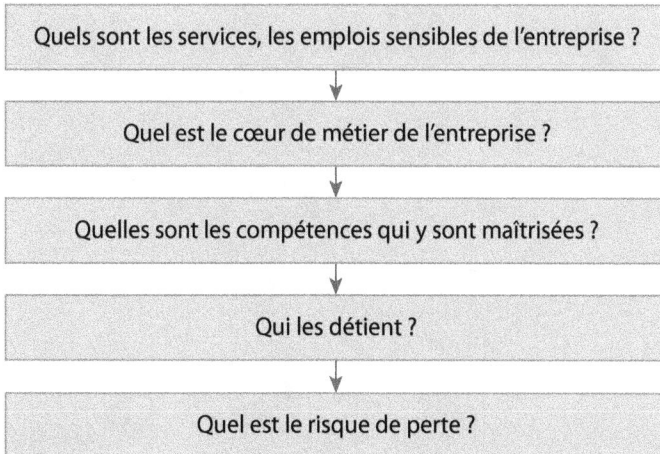

Quels sont les services, les emplois sensibles de l'entreprise ?

Quel est le cœur de métier de l'entreprise ?

Quelles sont les compétences qui y sont maîtrisées ?

Qui les détient ?

Quel est le risque de perte ?

Chapitre 2

Les objectifs d'un diagnostic d'opportunité

Quelle que soit l'approche choisie, le diagnostic d'opportunité doit s'attacher à mesurer et à analyser deux facteurs essentiels pour la réussite du transfert : la nature des enjeux liés au transfert et le contexte dans lequel il va pouvoir se mettre en œuvre.

REPÉRER LES ENJEUX DU TRANSFERT ET LA NATURE DES COMPÉTENCES À TRANSFÉRER

La question des enjeux est essentielle et primordiale, elle permet à l'entreprise de s'interroger sur les risques que pourrait entraîner pour sa compétitivité, sa réactivité, la perte de compétences stratégiques.

Les compétences stratégiques sont celles qui confèrent à l'entreprise un avantage concurrentiel significatif en termes de qualité, de réactivité, de compétitivité, ou de service rendu au client. Toute action de transfert qui ne serait pas sous-tendue par l'un de ces enjeux, et qui aurait pour seul objectif la valorisation ou l'expression d'une certaine reconnaissance du talent individuel du transférant, risquerait d'être vouée à l'échec (en raison notamment du risque de démobilisation de l'encadrement).

Le risque de perte de compétences peut être lié au prochain départ à la retraite de l'un de ses détenteurs, à un projet de mobilité ou d'évolution professionnelle ou à leur concentration sur un nombre restreint de salariés.

Le transfert de compétences doit s'inscrire dans les choix de management de l'entreprise, il peut être l'un des moyens mis au service du développement des ressources humaines pour :

- pérenniser des compétences spécifiques ;
- décloisonner des équipes ;
- améliorer la qualité ;
- faciliter l'intégration des jeunes recrutés ;
- favoriser la mobilité ;
- éviter les risques liés à une expertise unique, etc.

Les enjeux étant identifiés et partagés avec l'entreprise, il convient ensuite de définir précisément quelles sont les compétences à transférer et de choisir le ou les transférant(s) et la ou les cible(s) potentiel(s).

Le choix des compétences à transférer se fait en plusieurs étapes correspondant à la prise en compte des différents éléments retenus pour cette démarche :

- le repérage des compétences liées à l'expertise du transférant ;
- l'analyse de leur criticité au regard des critères à prendre en compte (enjeu stratégique, poids de l'expérience, rareté, absence de formation) ;
- la prise en compte des besoins de la ou des cible(s) ;
- l'identification des priorités de l'entreprise et de ses contraintes d'organisation.

Les objectifs du diagnostic d'opportunité

Outre l'analyse du contexte et des enjeux de la demande, le diagnostic d'opportunité doit apporter des réponses précises aux trois questions préalables à la mise en œuvre d'un processus de transfert :
- Pourquoi transférer ?
- Quoi transférer ?
- De qui vers qui transférer ?

MESURER LA CAPACITÉ DE MOBILISATION DES ACTEURS

Un des objectifs du diagnostic d'opportunité est de mesurer la volonté et la capacité d'implication de l'entreprise ; pour cela, un certain nombre d'éléments doivent être systématiquement analysés.

L'identification d'un véritable commanditaire

Celui-ci doit incarner la direction de l'entreprise : ce doit être le dirigeant, le responsable de production ou un responsable d'unité opérationnel. Il convient, chaque fois que cela est possible, de s'assurer ou de faire en sorte que le commanditaire soit un représentant de la ligne management opérationnel plutôt qu'un représentant de la fonction RH. Le commanditaire doit être en mesure de définir le ou les objectif(s) stratégique(s) attaché(s) au transfert. On peut rarement se limiter à la seule intention de conserver des compétences qui risqueraient de disparaître ; il faut être en capacité de mettre cette bonne « gestion du patrimoine compétences » en perspective avec un enjeu stratégique pour l'entreprise. De la réalité de l'engagement du commanditaire dépendront l'ampleur des moyens qui seront affectés au transfert ainsi que le niveau de mobilisation des acteurs (le transférant, l'encadrement et même la cible). Il a souvent été constaté que le moindre signe de désintérêt de la part du commanditaire induisait des attitudes de doute voire de retrait de la part du transférant.

La valeur de l'expertise du transférant

Il faut qu'existent un intérêt réel et un besoin avéré de maintien ou de partage des compétences des membres de la communauté de travail qui, au quotidien, ont l'habitude de solliciter, de mobiliser les compétences du transférant. Il s'agit, en général, du responsable hiérarchique direct, des membres de l'équipe de travail, et des personnes qui travaillent en relation directe avec lui. Cet intérêt constitue souvent une forme essentielle de reconnaissance à l'endroit du transférant, elle facilite sa mobilisation et l'acceptation par la communauté du rôle qui lui est imparti.

La mise à disposition des moyens nécessaires

Il s'agit généralement des moyens en temps nécessaires pour que le transférant et la cible puissent travailler ensemble. Ce point est particulièrement sensible dans des PME où la production ne peut pas s'interrompre ou diminuer pendant la durée de l'action. Il est donc essentiel d'évaluer avec précision les moyens à mobiliser et d'en informer clairement l'entreprise.

La réalité d'un pilotage interne

Le soutien et l'accompagnement d'un pilote ou d'un relais interne (en général un correspondant du service RH ou un agent d'encadrement) facilitent largement le développement du processus de transfert dans la durée. Ce pilote devra, tout au long de ce processus, veiller à ce que les moyens prévus soient bien mobilisés et à ce que les actions définies soient effectivement mises en place. Il devra aussi être disponible et vigilant pour aider les acteurs à résoudre les difficultés qui pourraient se présenter, et il assurera la liaison avec le consultant, qu'il sollicitera en cas de besoin.

ANALYSER LE CONTEXTE MANAGÉRIAL, LES MODES D'ORGANISATION

Il est indispensable de s'interroger sur le contexte de mise en œuvre du transfert pour repérer les conditions favorables ou au contraire défavorables à sa réussite. Les caractéristiques du contexte culturel et social sont particulièrement importantes à prendre en compte. Pour ce faire, il convient de recueillir, au travers des entretiens et de l'observation des comportements en situation de travail, des éléments signifiants sur le mode de management de l'entreprise et la place faite à l'expression des salariés, sur l'organisation du travail et sur les marges d'autonomie et d'initiative laissées aux salariés.

Le niveau de formalisation des procédures est un indicateur pertinent du type d'organisation et des modes de régulation du travail : des procédures très contraignantes permettent rarement la prise en compte de l'initiative personnelle et laissent peu de place à la reconnaissance de l'expérience. Cependant, la différence souvent constatée entre la procédure prévue et le travail réel montre que même des processus très réglés peuvent laisser la place à des marges de créativité, sources de compétences tacites à condition qu'elles puissent être repérées.

Avant de statuer sur l'opportunité d'engager une démarche de transfert de compétences, il conviendra également d'observer la place et le statut réservés aux salariés d'expérience. Il s'agit là d'un point de vigilance important. En effet, ceux qui pourraient être amenés à transférer leurs compétences doivent avoir l'impression d'être considérés pour leur professionnalisme ; leurs compétences, et notamment leurs compétences d'expérience, doivent être reconnues et sollicitées. Dans le cas contraire, ils auront beaucoup de difficultés à accepter un message de l'entreprise sur l'importance et l'intérêt d'une opération visant au maintien et au transfert de ces compétences.

Ce travail préalable d'investigation permet aussi de sensibiliser, de mobiliser les différents acteurs sur l'intégration dans la durée des problématiques de compétences et l'existence de possibilités de progression individuelles et collectives.

Le questionnement amène, en effet, les responsables opérationnels à s'interroger sur les compétences stratégiques de l'entreprise, sur le poids et le rôle de l'expérience dans la maîtrise de ces compétences, sur les modes d'organisation du travail mis en place, et enfin sur la gestion des équipes intergénérationnelles. Le dispositif de transfert vient, de ce point de vue, souvent combler une mauvaise prise en compte de l'intérêt qu'il y a à favoriser les collaborations intergénérationnelles. Il peut aussi aider à mieux penser la place spécifique des salariés seniors dans les collectifs de travail, et à envisager des échanges de compétences réciproques (juniors/seniors et seniors/juniors).

Les responsables des ressources humaines, quant à eux, sont souvent conduits, au cours du diagnostic, à réviser les processus de recrutement et d'intégration. L'identification des cibles potentielles du transfert et l'analyse de leur capacité à intégrer et à mobiliser les compétences d'expérience à transférer sont susceptibles de générer une réflexion sur les prérequis nécessaires à la tenue des postes et une interrogation sur les profils de recrutement.

Chapitre 3

Mesurer les enjeux du transfert

RÉPONDRE À LA QUESTION : « POURQUOI TRANSFÉRER ? »

Rencontrer les personnes clés

L'identification et la formulation des enjeux réels du transfert sont souvent la résultante du point de vue de plusieurs acteurs de l'entreprise.

Le point de vue **du chef d'entreprise ou du chef de service** est indispensable pour appréhender la nature des compétences stratégiques à mobiliser ou à conserver. C'est en se projetant sur l'avenir, en analysant les enjeux d'évolution de l'entreprise (nouveaux marchés à développer, qualité des services à renforcer, optimisation de l'appareil de production…), qu'il pourra reconnaître le caractère stratégique des compétences qui méritent d'être conservées ou renforcées.

Le point de vue **du responsable opérationnel ou du hiérarchique de proximité** apporte des éléments de réponse sur la nature des compétences d'expérience mobilisées dans la pratique quotidienne ou dans la gestion de situations complexes : il sait dire dans quelles circonstances précises (à quel moment et pourquoi) il sollicite plus spécifiquement l'un ou l'autre de ses salariés les plus expérimentés. Son avis est déterminant pour apprécier le poids de l'expérience dans la construction des compétences.

C'est au cours des entretiens avec ces acteurs que l'on doit identifier les contraintes et mesurer les éventuelles difficultés matérielles et organisationnelles à prendre en compte dans la mise en œuvre du transfert.

Il convient également d'évaluer le niveau d'intérêt et de mobilisation de l'encadrement. Nous reviendrons sur l'importance de l'implication de l'encadrement, et en particulier sur celle de l'encadrement de proximité, dans la mise en œuvre du processus de transfert.

Les acteurs ressources humaines, apportent, eux, des éléments de réponse sur le contexte de travail, le climat social, et les actions déjà conduites en matière de gestion des compétences (locales ou impulsées par le siège). On en déduit des points de vigilance quant à la réussite de l'opération.

Le transférant, s'il se sent en confiance, sait repérer, avec l'aide du consultant, les situations dans lesquelles il exprime ses compétences d'expérience. Il peut également, grâce au questionnement, indiquer dans quelles conditions il est plus particulièrement amené à les mobiliser.

Il convient aussi d'interroger le transférant sur le profil souhaitable de la cible. Les éléments ainsi recueillis donnent des indications précieuses sur le choix de la cible si celle-ci n'a pas été préalablement désignée. Ils permettent, dans tous les cas, de définir les prérequis nécessaires au transfert. Ces prérequis sont les connaissances, les savoir-faire, ou encore des exemples d'expériences indispensables à la cible pour qu'elle puisse repérer, apprécier, comprendre et intégrer, puis transposer les compétences qui font l'objet du transfert.

Il s'agit là d'un point de vigilance particulièrement important et qu'il convient de ne pas sous-estimer. Nombre d'opérations auraient échoué si l'existence des prérequis n'avait été prise en compte préalablement à la mise en œuvre du dispositif de transfert.

L'entretien conduit avec le transférant permet également d'apprécier son niveau d'acceptation et de motivation.

La cible, lorsque le contexte le permet, c'est-à-dire si elle est désignée et déjà en poste dans l'entreprise, et surtout si elle a déjà eu l'opportunité de travailler avec le transférant, exprime lors du diagnostic ses attentes, ses besoins.

Il est souhaitable de l'aider alors à déterminer avec le maximum de précision les compétences qu'elle identifie chez le transférant, et, parmi elles, celles qui lui font défaut et qu'elle souhaite pouvoir acquérir ou celles qu'elle maîtrise mal et qu'elle veut renforcer.

Il est pertinent de lui faire préciser dans quelles situations ou dans le cadre de quelles activités elle a pu identifier ces compétences et prendre conscience de leur importance.

Il a cependant souvent été constaté que le contexte de succession et la position de la cible dans l'organisation ne lui permettent pas d'avoir une vision pertinente de la réalité des compétences du transférant.

L'entretien conduit avec la cible permet également de mesurer son niveau d'information, d'adhésion et d'intérêt pour la démarche.

Les clients internes ou externes donnent des éléments d'analyse sur les enjeux stratégiques du transfert. En effet, ils peuvent formuler les craintes que suscite le départ du transférant. Ces craintes peuvent s'exprimer en termes de risque de perte de réactivité, de qualité, de prise en compte de leurs propres besoins.

Les membres de l'équipe, comme les clients internes ou externes, peuvent donner des éléments sur le risque de perte de compétences à travers leur analyse des collaborations qu'ils développent avec le transférant. Leur avis permet souvent de compléter le diagnostic d'identification des compétences à transférer.

C'est l'ensemble des points de vue recueillis au cours du diagnostic d'opportunité qui doit faire l'objet d'une analyse et d'une interprétation pour donner des éléments rationnels de choix à l'entreprise sur la pertinence du transfert, sur sa faisabilité, et sur la nature des compétences à transférer.

Poser les questions qui aident l'entreprise à répondre à la question « pourquoi transférer ? »

Tout projet de mise en œuvre d'une action de transfert est conditionné par la capacité de l'entreprise à apporter une réponse partagée par tous à la question de la finalité du transfert.

Les différents diagnostics d'opportunité conduits ont montré que cette étape est indispensable et fondatrice du projet de transfert. Elle ne peut être concluante que si le dirigeant (chef d'entreprise, responsable de service) a pu, à travers le diagnostic, approfondir la connaissance de ses enjeux d'évolution des ressources humaines et s'il a su cerner les éventuels risques de perte de compétences.

La valeur ajoutée apportée par celui qui a en charge la conduite du diagnostic dépend de sa capacité à poser des questions ciblées et adaptées aux différents types d'interlocuteurs, de sa capacité à comprendre la situation globale de l'entreprise, à la reformuler et à proposer une vision partagée des enjeux du transfert.

De ce point de vue, un intervenant externe qui conduit un questionnement spécifique adapté à chacun des acteurs concernés facilite l'expression libre et la réflexion. Sa neutralité apporte plus de crédibilité à la synthèse ainsi établie.

« Pourquoi transférer ? » Les bonnes questions à se poser

Quels sont les emplois clés de l'entreprise ?

Il s'agit d'identifier les emplois à forte valeur ajoutée. On retrouvera généralement les emplois correspondant au cœur de métier de l'entreprise, mais d'autres emplois peuvent aussi être pris en compte, comme, par exemple, les emplois de services commerciaux ou d'accueil apparemment plus périphériques en termes d'effectif et de positionnement dans l'organisation.

Ces emplois clés seront-ils les mêmes demain ?

Il s'agit là de s'assurer que la réflexion sur le transfert prend en compte les éléments de stratégie de l'entreprise.

Il convient d'être vigilant pour ne pas engager d'action de transfert sur des emplois qui risquent :
- de disparaître ;
- de perdre de leur importance ;
- de se transformer radicalement.

Peut-on constater des différences de résultats significatives entre les salariés qui occupent ces emplois ?

Il faut être vigilant, ne pas se contenter d'impressions, questionner sur des éléments objectifs d'appréciation de la différence de maîtrise entre les salariés :
- qualité de réalisation ;
- rapidité d'exécution ;
- satisfaction des clients ;
- fiabilité des actions ;
- sécurité des gestes ;
- motivation des collaborateurs ;
- gestion des conflits.

Ces emplois sont-ils mieux maîtrisés par ceux qui ont de l'expérience ?

- Les réponses obtenues à cette question permettent d'identifier les emplois pour lesquels l'expérience est un atout déterminant.

Si la réponse est souvent et spontanément « oui », il convient d'amener l'entreprise à approfondir sa réflexion en poussant l'investigation sur des critères de comparaison objectifs qui feront souvent référence aux éléments de la question précédente.

À cette étape du diagnostic, on a identifié les emplois clés de l'entreprise que l'expérience permet de mieux maîtriser. Ce constat n'est pas suffisant pour décider d'engager des actions de transfert. Il convient d'approfondir l'investigation et de compléter le diagnostic à travers une autre série de questions sur l'intérêt et la faisabilité du projet de transfert.

Ces emplois sont-ils maîtrisés par un petit nombre de salariés ?

La réponse à cette question va permettre d'approcher les véritables enjeux du transfert, en ayant un indicateur sur les risques de perte de compétences. Pour des emplois largement maîtrisés dans l'entreprise, il est souvent inutile d'envisager un processus de transfert : le risque de perte est faible, et généralement le collectif de travail s'organise spontanément pour faciliter l'intégration et la mise à niveau des nouveaux arrivants.

Ces salariés sont-ils proches de la retraite ou en instance de changement de poste ?

C'est à ce moment que les données démographiques de l'entreprise, et notamment la répartition des âges, doivent être prises en compte, en particulier pour définir un calendrier éventuel de mise en œuvre des actions de transfert.

Il convient d'être attentif aux échéances pour ne pas lancer d'actions de transfert dans la précipitation d'un départ proche.

Les réponses à l'ensemble de ces questions sont à chercher auprès des responsables de l'entreprise, des chefs de service, de l'encadrement, en tenant compte du fait que les services des ressources humaines ne sont pas toujours en situation d'apporter toutes les réponses nécessaires.

Les réponses fournies permettent d'identifier les emplois ou les postes exposés à un risque de perte de compétences. À partir de cette identification, une connaissance fine des individus qui exercent ces emplois dans leur contexte de travail s'impose.

Les différents diagnostics d'opportunité conduits ont permis de repérer une grande diversité de situations d'entreprises justifiant la mise en place d'un dispositif de transfert de compétences. Dans la majorité des cas cependant, il s'agit de viser l'un de ces objectifs :

- réduire les risques de perte de compétences (des compétences d'expérience détenues par des salariés proches de la retraite) ;
- éviter l'exclusivité des compétences (des compétences maîtrisées par une seule personne) ;
- diffuser des compétences tacites (compétences développées au fil de l'expérience et liées à un segment de marché important pour l'entreprise, pour lesquelles il n'existe pas de procédure ou de documentation associées) ;
- favoriser le développement de polyvalences qui permettent de suppléer à l'absence ou au départ éventuels de salariés.

Si cette première classification donne une bonne image des principales situations rencontrées, la réalité montre que les entreprises qui s'engagent dans des dispositifs de transfert de compétences poursuivent souvent des objectifs plus ambitieux que le seul maintien ou partage de compétences. Elles visent le plus souvent l'amélioration de la collaboration, de la transversalité, et le développement de la polyvalence, ceci afin d'accroître ou de maintenir la qualité du travail.

Après s'être assuré de la pertinence de la mise en place d'un dispositif de transfert, il convient d'en vérifier la faisabilité.

Les points de vigilance du diagnostic d'opportunité

Le diagnostic d'opportunité, quelle que soit sa forme, devra, préalablement à toute autre analyse, mesurer :

- l'existence de véritables enjeux stratégiques au maintien des compétences ;
- la volonté et la capacité de l'entreprise à mobiliser les moyens nécessaires à la mise en œuvre du processus de transfert ;
- la qualité de l'environnement, et en particulier le mode d'organisation et de management de l'entreprise.

Des exemples de situations de transfert

Une entreprise de production

L'entreprise

Il s'agit de l'un des sites français d'un groupe mondial présent dans plus de 50 pays, 200 salariés environ y fabriquent des pièces en céramique pour salles de bains et sanitaires.

Le site est spécialisé dans les produits haut de gamme, ce qui concourt à sa différenciation face à ses concurrents et à la fierté de ses employés. Sa stratégie et son avenir sont liés à son positionnement sur le marché des pièces personnalisées et en petites séries.

La culture d'entreprise est par conséquent plus fortement axée sur la qualité que sur la productivité.

L'absentéisme est faible, et les salariés sont très fidèles à l'entreprise, et ce malgré un travail éprouvant physiquement.

Bien que s'agissant d'une production de masse (environ 1 000 pièces coulées par jour), l'activité inclut des savoir-faire proches de l'artisanat, en particulier au coulage, qui implique beaucoup de finition manuelle. De nombreux paramètres interviennent dans la réussite d'une pièce, certains défauts n'apparaissant qu'en fin de fabrication.

Les enjeux du transfert

Au-delà de la gestion du départ à la retraite, dans six mois, d'un salarié ayant quarante ans d'expérience dans le coulage, l'objectif de l'entreprise est de diffuser plus largement des savoir-faire *a priori* peu partagés, mais essentiels pour la qualité, et d'assurer le maintien d'une expertise sur la fabrication des pièces rares et complexes.

Le transfert a plus largement pour finalité d'accroître l'autonomie des salariés en charge du montage et du réglage des moules et de maintenir la qualité attendue malgré les aléas des mélanges. Il s'agit également de renforcer l'autonomie d'intervention des opérateurs de nuit pour effectuer les réglages en l'absence des techniciens, et de favoriser le développement d'un bon niveau de polyvalence sur l'ensemble des presses.

Les conditions favorables au projet de transfert de compétences

Le diagnostic d'opportunité a permis de relever un certain nombre de conditions favorables au transfert, en particulier le fait que les opérateurs disposaient de temps pour dialoguer et échanger sur le métier. Par ailleurs, l'entreprise a déjà une expérience positive du travail en doublon, qu'elle met en place lors des phases d'intégration des nouveaux, pour leur permettre d'acquérir les savoir-faire de base nécessaires à l'exercice du métier.

Un service administratif

L'entreprise

L'entreprise, un des leaders nationaux dans le secteur de la production de tuiles, s'est constituée par le regroupement de tuileries anciennes réputées.

Elle compte 2 300 salariés répartis dans 22 unités, dont 17 en France, qui sont structurées en 3 régions : Centre, Nord et Sud. La région Centre compte 380 salariés répartis sur 4 sites de production, dont la gestion administrative, et en particulier celle de la paye, est centralisée.

Le service qui en a la charge est constitué, sous la responsabilité du responsable des ressources humaines, d'un adjoint chargé des RH et de l'administration du personnel et d'une responsable de la paye, assistée par une correspondante paye et administration du personnel.

Les enjeux du transfert

La responsable paye envisage de partir à la retraite dans les six mois, l'adjoint RH va de ce fait avoir la responsabilité de l'ensemble des opérations de paye, il devra en assurer la supervision et en maîtriser l'expertise.

Il n'existe ni procédure ni référentiel de poste. La transférante a près de quarante ans d'ancienneté, et elle gère la paye depuis de nombreuses années. En l'observant, tous constatent qu'elle travaille très rapidement et qu'elle a un véritable regard d'expert sur l'ensemble des éléments constitutifs de la paye, qui lui permet de détecter immédiatement la moindre erreur.

Son départ risque d'entraîner la perte de certaines de ces compétences, dont tous s'accordent à reconnaître qu'elles sont indispensables à la sécurisation de la gestion de la paye, même si l'adjoint RH dispose, après cinq ans d'ancienneté dans le service, de compétences avérées dans ce domaine.

L'enjeu est de définir et d'accompagner le transfert de certaines compétences critiques pour compléter des actions d'accompagnement déjà mises en œuvre.

Les conditions favorables au projet de transfert de compétences

Le climat social et les rapports cordiaux et de confiance qui existent entre les différents acteurs sont favorables à la mise en œuvre d'un dispositif de transfert.

La transférante, qui a, depuis une dizaine d'années, une fonction de référente paye au sein du groupe, ne veut pas qu'il y ait de difficultés après son départ. Elle a une réelle volonté de transférer ses compétences aux personnes cibles, qui ont, de son point de vue, les qualités nécessaires pour lui succéder.

Les deux personnes cibles, qui travaillent en lien avec elle depuis six ans, la reconnaissent comme une experte dans son domaine. Pour eux, une forme de passation est de toute façon indispensable.

Le responsable de service est conscient des risques de perte de compétences pour le service. Aussi est-il spontanément très favorable à la démarche proposée.

Chacun reconnaît que des actions de transfert ont déjà été tentées mais qu'elles ont eu des effets limités et insuffisants.

Un service technique

L'entreprise

Créée en 1938, c'est une société familiale 100 % française, leader depuis l'origine sur le marché professionnel des enduits de peintres.

Première marque à lancer les enduits dans le monde de la grande distribution en 1969, cette entreprise maintient son esprit d'innovation depuis plus de soixante-dix ans.

Elle commercialise en France 40 % de ses produits par le biais des circuits de vente grand public et 60 % sur les circuits du bâtiment, et elle exporte 15 % de son chiffre d'affaires vers plus de 33 pays.

Deux sites de production industrielle, l'un en région parisienne spécialisé dans les enduits en poudre, l'autre situé en province et dédié aux enduits en pâte, fabriquent l'intégralité des enduits.

L'entreprise compte aujourd'hui environ 150 salariés.

Les enjeux du transfert

La responsable des ressources humaines, sensibilisée par Forcemat, l'OPCA de la branche, à l'intérêt du transfert de compétences, a vu l'opportunité que le dispositif proposé pouvait présenter pour l'entreprise. Elle a suggéré au directeur industriel de conduire une action expérimentale pour anticiper les conséquences du départ en retraite du responsable de maintenance et gérer les risques de perte de compétences critiques que ce départ pouvait engendrer.

Le responsable de la maintenance industrielle, en poste depuis plus de dix ans, projette de partir à la retraite dans les six mois. Son remplacement n'est pas prévu, et on envisage de revoir l'organisation en attribuant une partie de ses fonctions au responsable de production et en engageant un nouveau technicien pour seconder ce dernier.

La spécificité des matériels, et en particulier des lignes de production, l'ancienneté du responsable maintenance et les modalités d'entretien et de maintenance établies laissent présager un risque important de perte de compétences au départ du transférant.

Les conditions favorables au projet de transfert de compétences

Le responsable de production, cible potentielle, reconnaît, au-delà des difficultés relationnelles qui peuvent exister avec le transférant, la qualité des interventions de ce dernier et les compétences d'expérience qu'il mobilise dans l'entretien, la maintenance et le réglage de l'appareil de production. Il a conscience de l'intérêt et de l'importance de « récupérer » et maîtriser une partie de ces compétences.

Le transférant souhaite vivement que son départ n'ait aucune conséquence sur le fonctionnement de l'entreprise et que la qualité de la production soit maintenue. Il convient de noter que cette préoccupation transcende d'éventuels ressentiments à l'égard de la direction de l'entreprise.

Le directeur industriel, conscient de l'importance des enjeux, souhaite participer activement à la mise en œuvre du dispositif et s'engage à veiller à ce que les engagements pris au travers du plan de transfert soient tenus.

RÉPONDRE À LA QUESTION : « QUOI TRANSFÉRER ? »

Comme il est précisé plus haut, la réponse à cette question est à rechercher auprès des titulaires des emplois identifiés comme sensibles au regard des risques de perte de compétences (départ à la retraite du titulaire, projet d'évolution professionnelle ou de mutation, concentration du savoir-faire sur un nombre restreint de salariés), de l'encadrement direct, de la direction de l'entreprise, et des clients internes ou externes.

Identifier les compétences critiques

L'identification des compétences à transférer (compétences critiques) peut s'amorcer en s'appuyant sur des référentiels d'activités, des définitions du process de production ou des documents d'organisation, lorsqu'ils existent. Mais les compétences ainsi formalisées ne peuvent pas tout dire : elles permettent seulement d'engager le dialogue avec les différents acteurs, et en particulier avec les transférants, qui ont une première vision forcément partielle de la réalité de leur travail.

Pour la plupart des diagnostics conduits, ces référentiels n'existaient pas ou n'étaient pas exploitables compte tenu de leur niveau de synthèse. C'est en s'appuyant sur le dialogue conduit avec les différents acteurs au cours de la phase de diagnostic que l'on appréhende véritablement la réalité globale des emplois et que l'on identifie les activités clés et les compétences critiques associées.

En effet, lors du dialogue avec le transférant, en centrant l'entretien sur la compréhension de l'activité, le consultant identifie et valorise les compétences mobilisées dans la maîtrise de cette activité. Cet entretien est de type non directif ; il s'agit de mettre en place un climat d'empathie, pour écouter le vécu et l'analyse du travail du transférant, puis de tenter de reformuler sa compréhension et de repérer les compétences mobilisées.

Dans cette approche, il est important de noter que le consultant sélectionne des activités clés parce qu'elles nécessitent généralement des compétences critiques, mais qu'il reste à un niveau de formalisation assez global, sans tenter de décrire chacune des compétences sous-tendues par la réalisation de l'activité.

> **Les compétences à transférer sont identifiées en référence aux activités clés qu'elles permettent de réaliser, sans qu'il soit nécessaire de les formaliser. Cela constitue bien une des originalités de la démarche.**

Mesurer le niveau de criticité

La criticité des compétences s'analyse à travers quatre indicateurs particulièrement significatifs :

- leur impact sur la **performance** de l'entreprise (satisfaction des clients, productivité, rentabilité, économie, qualité, sécurité) ;
- la plus-value de l'**expérience** dans leur maîtrise ;
- le **risque de perte** lié à un départ prochain ou au faible nombre de personnes les maîtrisant ;
- la difficulté à les acquérir par une **formation** « classique », initiale ou continue.

> **Le niveau de criticité conditionnera les choix des compétences à transférer.**

L'identification des compétences critiques, tout comme l'analyse du contexte, se fait en croisant les regards des différents acteurs concernés : les titulaires des emplois sensibles, l'encadrement, le responsable de service ou d'entreprise, les services RH quand il en existe. Tous sont susceptibles de fournir un élément de réponse et d'analyse, en fonction de leur sphère d'activité et de responsabilité.

Le responsable de production, de service ou d'entreprise qualifie les enjeux stratégiques liés à la réalisation de chacune des activités clés et à la maîtrise des compétences associées. Le hiérarchique direct connaît le poids de l'expérience dans la maîtrise de la compétence et apprécie le niveau de « rareté » de cette maîtrise. Les salariés d'expérience pourront, à travers leur propre parcours, l'évolution de leur pratique, qualifier le poids de l'expérience dans la maîtrise de la compétence. Les services de formation et de RH, comme l'encadrement, donnent leur avis sur la pertinence des formations professionnelles classiques existantes[1].

---

1. Cf. la réflexion du DRH de l'entreprise Holcim, C. Castin : « *On sait que l'on se trompe souvent sur le niveau des connaissances acquises par les personnes expérimentées.* »

Lorsque la situation de l'entreprise le permet, il est intéressant de partager cette réflexion en réunissant l'ensemble des acteurs concernés (encadrement, salariés d'expérience…).

> **Cette phase d'identification participe, pour une grande part, à la mobilisation des acteurs impliqués, et en particulier celle du transférant et de son encadrement.**

Une « cotation chiffrée » de la criticité de chacune des activités clés repérées facilite et accompagne la réflexion et la prise de décision des différents acteurs sur le choix des compétences attachées à transférer.

Cette cotation se fait à partir de quatre éléments de criticité : importance de l'activité sur la performance de l'entreprise ; poids de l'expérience dans sa maîtrise ; risque de perte de compétences ; difficulté d'acquisition des compétences nécessaires par une formation classique.

Pour chacun des critères définis, il est attribué, en concertation avec les acteurs impliqués (au minimum le transférant et le responsable opérationnel), une « valeur » comprise entre 1 et 3 (1 pour une pondération faible du critère, 3 pour une pondération forte).

La somme des points attribués à chacune des activités permet généralement des prises de décision rapides et consensuelles.

> **Une « pesée » chiffrée de la criticité permet à chacun de s'impliquer dans une cotation qui, même si elle est subjective, ouvre la voie à des échanges plus rationnels sur le choix des transferts à mettre en œuvre.**

Les questions à poser pour qualifier la criticité des compétences associées aux activités clés

• Quelle est leur importance au regard de la stratégie de l'entreprise ?

• Quel est le poids de l'expérience dans leur maîtrise ?

• Quels sont les risques de perte (départ à la retraite du détenteur, évolution professionnelle du détenteur, compétences maîtrisées par un trop petit nombre de salariés) ?

• Existe-t-il déjà des formations adaptées au sein de l'entreprise ou sur le marché de la formation ? Quelle est leur durée, leur coût ? Que sait-on de leur efficacité ?

Tableau d'aide à la décision (niveau de criticité)

Les critères de « pesée »	Importance de la compétence	Poids de l'expérience dans la maîtrise	Risque de perte de la compétence	Difficulté d'acquisition par une formation	Criticité (somme)
Activité 1/compétences	1 à 3	1 à 3	1 à 3	1 à 3	4 à 12
Activité 2/compétences	1 à 3	1 à 3	1 à 3	1 à 3	4 à 12
Activité 3/compétences	1 à 3	1 à 3	1 à 3	1 à 3	4 à 12

Des exemples de compétences critiques à transférer

Nous reprendrons ici les cas des trois entreprises citées comme exemples dans la première partie du présent chapitre.

Entreprise A

Dans cette entreprise spécialisée dans la fabrication de pièces d'équipement de sanitaires, le diagnostic d'opportunité a permis d'identifier un certain nombre d'activités et de compétences associées[1] qui pouvaient faire l'objet d'un transfert :

---

1. Ces compétences associées ne sont pas formalisées, elles sont présumées au travers des résultats obtenus dans le travail.

- adapter le réglage de la machine à la plasticité du mélange ;
- évaluer la qualité du mélange en analysant la texture de la première pièce ;
- monter les moules sur la machine ;
- affiner le réglage du moule en choisissant le meilleur levier ;
- régler les busettes et les brûleurs ;
- presser avec les mélanges les plus complexes ;
- proposer les adaptations du mélange ;
- répartir le mélange dans le moule.

À l'aide de la grille, et à l'issue de la discussion, les différents acteurs procèdent au « pesage » de ces activités, et donc des compétences associées, en distribuant des notes aux quatre indicateurs définis précédemment. La somme de ces notes permet d'apprécier le niveau de criticité.

Tableau d'aide à la décision de l'entreprise A

Les critères de « pesée » Les activités clés	Importance de la compétence	Poids de l'expérience dans la maîtrise	Risque de perte de la compétence	Difficulté d'acquisition par une formation	Criticité
Adapter le réglage de la machine à la plasticité du mélange	3	3	3	3	12
Évaluer la qualité du mélange en analysant la texture de la première pièce	3	3	3	3	12
Monter le moule sur la machine	3	2	2	3	10
Affiner le réglage du moule en choisissant le meilleur levier	3	3	3	3	12
Régler les busettes et les brûleurs	3	3	3	3	12
Presser avec les mélanges les plus complexes	3	3	2	3	11
Proposer les adaptations du mélange	3	3	3	3	12
Répartir le mélange dans le moule	3	1	2	3	9

À la lecture de ce tableau, on distingue facilement les compétences retenues pour le transfert, ce sont celles qui sont liées à la maîtrise des activités clés suivantes :

- adapter le réglage de la machine à la plasticité du mélange ;
- évaluer la qualité du mélange en analysant la texture de la première pièce ;
- affiner le réglage du moule en choisissant le meilleur levier ;
- régler les busettes et les brûleurs ;
- proposer les adaptations du mélange.

Entreprise B

Rappelons que cette entreprise spécialisée dans la fabrication de tuiles sera bientôt confrontée au départ à la retraite de la responsable du service paye. Le diagnostic d'opportunité a permis d'identifier un certain nombre d'activités et de compétences associées susceptibles de faire l'objet d'un transfert :

- calculer les indemnités de licenciement ;
- établir les déclarations de cotisations, vérifier leur reprise dans le journal de paye ;
- établir la procédure de paye, analyser les feuilles de pointage ;
- préparer les contrôles Urssaf ;
- clôturer les états de fin d'année ;
- répercuter les changements de cotisations sur les salaires ;
- repérer les erreurs sur les bulletins de salaire ;
- vérifier les états après paye ;
- assurer la veille législative, réglementaire.

Tableau d'aide à la décision de l'entreprise B

Les critères de « pesée » Les activités clés	Importance de la compétence	Poids de l'expérience dans la maîtrise	Risque de perte de la compétence	Difficulté d'acquisition par une formation	Criticité
Calculer les indemnités de licenciement	3	2	2	2	9
Établir les déclarations de cotisations, vérifier leur reprise dans le journal de paye	3	2	1	1	7
Établir la procédure de paye, analyser les feuilles de pointage	3	3	2	3	11
Préparer les contrôles Urssaf	3	3	3	3	12
Clôturer les états de fin d'année	3	2	1	2	8
Répercuter les changements de cotisations sur les salaires	3	3	2	2	10
Repérer les erreurs sur les bulletins de salaire	3	3	2	2	10
Vérifier les états après paye	3	3	2	1	9
Assurer la veille législative, réglementaire	3	2	2	2	9

La lecture de ce tableau de criticité permet là aussi de repérer les compétences qui seront retenues pour le transfert, ce sont celles qui sont liées à la maîtrise des activités suivantes :

- établir la procédure de paye, analyser les feuilles de pointage ;
- préparer les contrôles Urssaf ;
- répercuter les changements de cotisations sur les salaires ;
- repérer les erreurs sur les bulletins de salaire.

Entreprise C

Dans cette entreprise de fabrication d'enduits, le diagnostic d'opportunité a permis d'identifier un certain nombre de compétences susceptibles de faire l'objet d'un transfert du responsable de maintenance. Ces compétences sont liées aux principales activités suivantes :

- manager l'équipe de techniciens de maintenance ;
- établir le plan de maintenance annuel ;
- établir le budget, en charge et en investissement ;
- définir les travaux à conduire ;
- recueillir et traiter les éléments fournis par les conducteurs ;

Tableau d'aide à la décision de l'entreprise C

Les critères de « pesée » Les activités clés	Importance de la compétence	Poids de l'expérience dans la maîtrise	Risque de perte de la compétence	Criticité
Manager l'équipe de techniciens de maintenance	3	3	1	7
Établir le plan de maintenance annuel	3	3	2	8
Établir le budget, en charge et en investissement	2	3	3	8
Définir les travaux à conduire	2	1	1	4
Recueillir et traiter les éléments fournis par les conducteurs	2	2	2	6
Anticiper sur les risques de pannes ou d'anomalies	3	3	2	8
Appuyer les techniciens dans la gestion des pannes	2	3	1	6
Anticiper sur les risques en termes de sécurité d'utilisation des machines	3	1	1	5
Proposer des améliorations des machines	3	2	3	8

- anticiper sur les risques de pannes ou d'anomalies ;
- appuyer les techniciens dans la gestion des pannes ;
- anticiper les risques liés à la sécurité d'utilisation des machines ;

proposer des améliorations des machines.

À la lecture de ce tableau, on distingue les compétences retenues pour le transfert. Il s'agit de celles qui sont liées à la réalisation des activités clés suivantes :

- établir le plan de maintenance annuel ;
- établir le budget ;
- manager l'équipe ;
- anticiper sur les risques de pannes ou d'anomalies ;
- proposer des améliorations des machines.

RÉPONDRE À LA QUESTION : « DE QUI VERS QUI TRANSFÉRER ? »

Choisir le transférant

Celui ou ceux que nous appelons pour plus de clarté le ou les transférant(s) peuvent se trouver dans différentes situations.

- Le cas de l'expert unique

Des compétences spécifiques sont détenues par une seule personne, qui envisage un prochain départ à la retraite, ou pour laquelle un changement de poste est prévu ; ce peut être aussi simplement la volonté de l'entreprise de diffuser des compétences maîtrisées de façon trop restrictive.

L'implication de cette personne va conditionner la réussite de l'opération.

- Le cas des détenteurs multiples

Des compétences critiques sont maîtrisées par plusieurs personnes, quelquefois de manière complémentaire.

La ou les personnes choisie(s) pour transférer obtiennent généralement des résultats supérieurs à ceux de leurs collègues (qualité supérieure, rapidité d'exécution, réactivité…), elles sont reconnues pour leur aptitude à gérer des situations complexes, et elles possèdent de réelles capacités d'échange et de partage.

> **Il est important d'identifier avec précision, pour chacun des transférants pressentis, les compétences spécifiques à transférer. Le choix du transférant est un acte de management dans lequel la direction de l'entreprise doit s'impliquer en en mesurant les effets.**

Choisir les cibles

Parce que le transfert va s'appuyer sur la construction d'une relation de confiance, l'implication du transférant dans le choix de la cible est un des facteurs décisifs du succès de la démarche. Si dans la réalité il n'est pas toujours possible de l'impliquer dans l'ensemble du processus de choix, il est indispensable de solliciter son avis avant de prendre une décision définitive.

Responsable de son choix ou pas, le transférant doit accepter, adopter la cible, la reconnaître comme étant capable de partager ses compétences, voire quelquefois comme étant digne « de lui succéder ».

Un responsable technique de l'entreprise Holcim granulats témoigne de l'importance de ce choix :

> *On a travaillé en parallèle, et, petit à petit, il m'a posé des questions. On s'est bien entendus. On a commencé à travailler ensemble un an avant le transfert. Cela aurait été quelqu'un d'autre, cela aurait été* niet *! J'ai besoin de savoir comment il travaille, si cela l'intéresse, s'il a envie de continuer, s'il pose de bonnes questions. Et sur d'autres domaines dans lesquels il est plus compétent que moi, il ne m'a jamais envoyé péter.*

Ce responsable technique, en situation de conflit avec son entreprise, dans une perspective de licenciement négocié, n'a pas été convaincu par son responsable hiérarchique mais par le consultant :

> « *Au départ, on se dit à quoi ça sert, on travaille déjà ensemble… Et puis le premier rendez-vous avec le consultant s'est formidablement bien passé. Tout le monde avait peur de mes réactions. On a passé deux, trois heures au restaurant, et je lui ai raconté tout ce que j'avais sur le cœur. Et j'ai fini par dire : "Je suis prêt à jouer le jeu."*

Mais la qualité de la relation entre les deux parties ne suffit pas. La cible doit maîtriser les prérequis professionnels qui lui permettront d'appréhender, de comprendre et d'utiliser les compétences d'expérience qui font l'objet du transfert.

C'est ainsi que le responsable technique d'Holcim cité ci-dessus apprécie la facilité des transferts d'expérience avec la cible dans leur domaine de formation, « la partie technique : la plus facile. On est ingénieurs tous les deux, de la même école ».

Si la cible ne possède pas, outre les prérequis ou les connaissances de base propres au métier nécessaires, un minimum de culture du contexte professionnel dans lequel il va évoluer, il est illusoire de penser que le transfert puisse se réaliser dans des délais raisonnables. Dans ce cas, compte tenu de ses difficultés à intégrer les compétences nouvelles, le risque est grand de voir la cible s'installer dans une posture de rejet et le transférant avoir rapidement l'impression de perdre son temps et donc se démotiver.

Le transfert ne peut se faire qu'entre professionnels qui se reconnaissent et se respectent mutuellement.

Chapitre 4

Mobiliser les principaux acteurs

La motivation du transférant et de la cible et la qualité de leur relation sont déterminantes pour le succès du transfert. Il convient donc d'être particulièrement vigilant pour faciliter l'installation de cette relation et son maintien tout au long du processus.

MOBILISER LE TRANSFÉRANT

Les enjeux

Malgré les réticences souvent exprimées directement (craintes de ne pas savoir expliquer, de ne pas savoir transmettre) ou indirectement (manque de temps, difficultés d'organisation), l'idée de transférer et de partager ses compétences est généralement plutôt bien acceptée.

Elle correspond souvent à un besoin « ancestral » de transmission, d'implication dans un continuum de partage du savoir.

Il est à noter que les transférants qui s'impliquent le plus largement dans des actions de transfert sont ceux qui ont déjà développé, au cours de leur carrière, des habitudes de partage de compétences et de collaboration. Dans le cas contraire, les choses sont plus difficiles, mais une des caractéristiques de l'expertise n'est-elle pas la capacité à communiquer, à conseiller, à partager ?

La présentation du projet au transférant est une étape importante et délicate. En effet, l'acceptation d'une telle démarche n'est ni évidente, ni immédiate. La sollicitation doit être conduite par le responsable de l'entreprise, de l'usine ou du secteur, afin de rendre crédible la présentation des enjeux pour l'entreprise.

Les raisons du choix du ou des transférant(s) doivent être communiquées, explicitées pour être partagées.

Le transférant doit être totalement rassuré quant à son avenir et au maintien de sa place dans l'organisation. Aucune ambiguïté ne doit exister quant à un risque de perte d'autonomie ou de reconnaissance lié au partage de ses compétences.

En effet, si le transfert ne s'inscrit pas dans le cadre d'un départ à la retraite programmé ou d'une évolution professionnelle annoncée, les craintes du transférant peuvent être fortes de se voir déposséder de ses compétences, de perdre l'exclusivité de son expertise.

Ce témoignage du responsable qualité d'une entreprise de béton ayant participé à un important dispositif de transfert de ses compétences vers plusieurs de ses collègues est significatif des craintes à dépasser et de cette confiance qui doit exister pour pouvoir partager ses savoirs, accorder son aide et montrer son travail à autrui dans l'univers de l'entreprise :

> *Je n'étais pas très chaud au début. Parce que dans mes expériences avec d'autres collègues, certains vous marchent sur la tête…*
>
> *Ce qui m'a décidé : les départs en retraite qui se sont faits. Tout leur savoir partait avec eux, j'ai vu des centres de compétences entiers disparaître. Personne n'ouvre les cartons après le départ des anciens. C'est ce qui m'a convaincu…*

> *L'obstacle majeur est souvent lié à ceux qui vous pillent pour se faire valoir… Ce qui m'a décidé, c'est la confiance…*
>
> *Je suis en confiance avec des gens qui travaillent dans le dialogue… On est dans une période où les gens ont peur, peur de l'autre, peur qu'il vous pique la place.*

Les modes de sollicitation du transférant devront tenir compte de ses enjeux personnels, de ses valeurs, de ses références culturelles, et surtout de sa situation personnelle et de sa position dans l'entreprise au moment de la proposition de transfert.

Il conviendra également de mesurer l'importance des incompatibilités interculturelles possibles ou des risques de conflits intergénérationnels entre le transférant et la ou les cible(s).

Les transférants qui acceptent de s'impliquer dans de tels dispositifs, qui visent explicitement à faire réussir d'autres qu'eux-mêmes (successeur désigné ou pas), ont souvent fait une longue et réelle carrière dans l'entreprise et eux-mêmes vécu une expérience d'apprentissage ou d'accompagnement à leurs débuts.

C'est ce qu'illustre ce témoignage d'un cadre de l'entreprise Holcim :

« *J'ai eu de la formation technique au CERIB et puis j'ai appris le reste sur le terrain avec mon premier patron, c'est celui qui m'a aidé le plus, celui qui m'a réellement appris.*

Ou bien encore celui de Michel Nardone, le DRH de KP1 :

« *Il faut qu'il y ait un terrain un peu fertile, un état d'esprit. Des gens attachés à leur entreprise… Chez nous l'ancienneté se compte par dizaines d'années.*

Le transfert doit être intégré au processus global de management, la reconnaissance du travail des transférants doit être prise en compte dans la logique de gestion des carrières ou de valorisation dans l'entreprise.

La façon dont le transfert est présenté a une influence décisive sur l'implication et la motivation du transférant

Un simple discours incitatif, qui conclut à la nécessité de transférer du seul fait de l'existence de compétences spécifiques, risque d'entraîner des postures de rejet.

• *Peur de perdre un avantage décisif par rapport à ses collègues (son expertise) et par suite de ne pas progresser ou d'être licencié*

Un projet de transfert non partagé risque d'amener des revendications spécifiques.

• *Demande de reconnaissance financière pour opérer le transfert*

Un ressentiment global vis-à-vis du management et des services des ressources humaines peut entraîner une opposition affirmée à toute tentative de mobilisation.

• *Repli individuel en attente de son départ*

Un transfert intervenant en fin de carrière peut être vécu comme une dépossession…

• *Posture de retrait par rapport à l'entreprise qui ne s'est jusqu'ici jamais intéressée au transférant pressenti*

Un manque de précision dans le choix des compétences à transférer risque de faire dévier les objectifs.

• *Risque de transférer ce que le transférant pense important sans que cela corresponde aux objectifs de l'entreprise*

La non-implication du transférant dans le choix de la cible risque d'entraîner de la réserve, voire un certain doute sur la capacité de celle-ci à s'approprier les compétences à transférer.

• *Sentiment que la personne cible du transfert n'en est pas « digne »*

Des analyses sur la mobilisation du transférant (dans le cadre du dispositif de capitalisation conduit par l'Anact)

Voici un extrait de l'étude de Patrick Conjard et de Fabienne Caser, *Transfert des savoir-faire d'expérience, enseignements liés au suivi et à l'évaluation d'un projet FSE de l'OPCA Forcemat*[1].

Une entreprise de production

« *La mobilisation du futur transférant n'allait pas de soi. En effet, il ne se sentait pas complètement « reconnu » par la direction et, par ailleurs, il craignait une réaction de rejet de la part de certains de ses collègues, cibles du transfert. Ces freins ont été identifiés et pris en compte tout au long de la démarche. Lors de la phase d'identification des compétences à transférer, le consultant a travaillé avec une équipe restreinte, composée de personnes proches du transférant et reconnaissant sa compétence, pour l'amener à verbaliser les savoir-faire détenus par le transférant et relevant de l'expérience professionnelle. La direction a aussi exprimé son point de vue.*

Une liste d'une vingtaine de savoir-faire a été passée au tamis d'une grille de « criticité » comprenant quatre critères : valeur ajoutée stratégique, rôle de l'expérience, risque de perte, possibilité d'acquisition par une formation. Au final, une dizaine de savoir-faire d'expérience de natures différentes ont été retenus pour le transfert : gestes professionnels, analyse des défauts, adaptation des paramètres de production, formation des couleurs. Cette étape a contribué à conforter la mobilisation du transférant, et à élargir le périmètre des acteurs impliqués dans le projet.

---

1. CONJARD Patrick, CASER Fabienne, *Transfert des savoir-faire d'expérience, enseignements liés au suivi et à l'évaluation d'un projet FSE de l'OPCA Forcemat*, Éditions de l'Anact, collection « Études et documents », 2009.

Le travail d'identification des compétences à transférer a amené l'entreprise à préciser les cibles du transfert, différentes selon le type de savoir-faire. Les cibles-opérateurs ont été choisies par le chef d'atelier et le transférant sur la base de plusieurs critères : maîtrise des bases du métier, représentativité par rapport à la population de l'atelier, capacité à transférer à leur tour. Leur mobilisation a fait l'objet d'une attention spécifique : entretien avec le chef d'atelier et le transférant pour expliquer les objectifs et les modalités de l'action de transfert.

Cet investissement en temps était justifié par les craintes du transférant et par le fait que les cibles étaient expérimentées dans le métier.

Le transfert a été réalisé conformément au plan prévu, ce qui a été facilité par le fait que le transférant était entièrement dédié à cette mission, et par la création au préalable d'un environnement favorable à l'acquisition des savoir-faire : mobilisation des cibles, implication du chef d'atelier qui a aidé l'organisation concrète du transfert.

Le transférant a eu la satisfaction de transmettre son savoir-faire dans de bonnes conditions, en étant totalement détaché des contraintes de la fabrication. Il a perçu comme une reconnaissance symbolique de ses compétences l'investissement significatif de la direction de l'entreprise dans ce projet.

La démarche a permis aux bénéficiaires, soit d'être confortés dans leur manière de faire, soit d'être amenés à adopter celle du transférant, reconnue plus efficace ou plus pratique. Le chef d'atelier est plus serein, car il sait que tous les salariés ont désormais la même référence sur les étapes du processus, décisives pour la qualité.

Un service administratif

« *La responsable de la paye travaille depuis trente ans sur le site et sa tâche est complexe...*

Une partie du programme de « passation de relais » avait déjà été formalisée par la transférante sous forme de fiches thématiques avec des exemples concrets de fiches de paye. Cette approche a été systématisée. Par ailleurs, on a conçu des mises en situation des « transférés » sur des cas particuliers (ex. : réalisation d'une feuille de paye complexe ou recherche d'erreurs) qui ont servi de support à des « débats/corrections/apports d'informations » animés par la transférante.

Des simulations ont également été mises au point (ex. : contrôle Urssaf, où la transférante est dans le rôle du contrôleur : « Comme ça on apprend à préparer et à se préparer »). Un planning des acquisitions a été conçu et tenu à jour. Compte tenu des motivations pédagogiques de la transférante, l'accompagnement de la démarche a pu être limité à des rendez-vous téléphoniques tous les quinze jours, complétés par des visites tous les deux mois pour un point plus systématique et des réajustements (« sinon on serait passés à côté de plein de choses, on a dû les reprendre »).

Du temps a été formellement accordé aux trois personnes et le transfert a été « contractualisé » dans leurs objectifs annuels. Bref un dispositif élaboré, mais parfaitement intégré aux situations de travail, a été conçu et approprié par l'ensemble du service.

À l'extrême, une observation superficielle n'y aurait vu que du « bon sens » et une démarche « naturelle », en passant à côté des subtilités de ce qui a été une véritable et rigoureuse conduite de projet.

Cette expérimentation s'est déroulée dans des conditions idéales, si l'on considère la forte motivation et la qualité de mobilisation de l'ensemble des acteurs (DRH, transférante, cible, consultant).

Mais les conditions de cette configuration ont été réunies par la construction d'un cadre rigoureux (« une vraie gestion de projet ») ainsi qu'un solide travail de formalisation. Ce projet a été vécu, en particulier par la transférante, comme une reconnaissance de l'expérience et sa pérennisation.

MOTIVER LES CIBLES

Quels que soient sa fonction et son niveau de formation, la cible aura un certain nombre d'interrogations sur son implication dans un dispositif de transfert. Si elle a été recrutée récemment, elle se demandera s'il s'agit de lui faire passer un test de confirmation de son embauche ; si elle est plus ancienne dans l'entreprise, elle cherchera à savoir si ses compétences sont mises en doute ou jugées insuffisantes. Dans tous les cas, elle s'interrogera sur son avenir et sur la place, le rôle que l'organisation veut lui voir tenir à l'issue du transfert.

Lorsque ces premières interrogations seront levées, il restera une question que la cible se posera tout au long du dispositif : celle de sa capacité à assimiler les compétences qui sont l'objet du transfert. Elle aura en permanence la crainte de « décevoir » le transférant et l'encadrement qui lui font confiance.

On mesure à travers ces questions l'importance à attacher à l'information, à la sensibilisation de la cible. Seuls la direction de l'entreprise et son management peuvent être crédibles et entendus ; ce sont eux qui pourront, avec légitimité et persuasion, inscrire aux yeux de la cible le transfert dans une perspective dynamique d'évolution : le transfert doit permettre à la cible de renforcer ses compétences, en gagnant du « temps sur le temps » à travers les enseignements issus de l'expérience du transférant.

Il est important que la cible accepte le projet de transfert et y adhère. Pour cela, toutes les craintes ou ambiguïtés qui pourraient résulter d'une présentation maladroite, insuffisante ou d'une interprétation erronée doivent être levées par le management.

La participation à une opération de transfert doit être vécue comme une opportunité pour intégrer plus facilement un nouveau poste, développer ses compétences, améliorer ses conditions de travail, comme une chance d'accélérer sa carrière.

Il est à noter que l'adhésion des cibles est en général simple à obtenir, compte tenu de l'intérêt qu'elles ont à bénéficier d'une aide réelle leur permettant de prendre en charge progressivement les responsabilités qui leur sont confiées.

Citons par exemple Denis Marquet, chargé de projet technique chez Holcim :

« *Je croisais les doigts, j'ai vu ça comme une opportunité. J'avais besoin de piquer des choses à J.C. Petit à petit l'atmosphère s'est détendue.*

Il ne faut pas sous-estimer la difficulté que la cible peut avoir à se situer dans une posture d'apprenant. Or, de cette posture (d'abord en retrait puis peu à peu en remplaçant) dépend la réussite de l'ensemble.

Ainsi, Denis Marquet ajoute :

« *Il m'a mis en confiance. Au début je l'observais. À la fin les rôles se sont inversés… Plus les jours passaient, plus on s'entendait bien.*

La motivation de la cible est une des conditions de réussite du transfert, l'encadrement doit y être particulièrement attentif.

La motivation de la cible, un enjeu pour l'encadrement

Le choix de la cible doit se faire en prenant en compte trois éléments :

• sa stabilité dans l'entreprise (assiduité, implication, logique de carrière) ;

• son potentiel et son envie d'évolution : le sentiment que la cible peut progresser (ouverture, envie d'apprendre, curiosité) ;

• sa maîtrise des prérequis de base nécessaires au transfert (ou sa capacité à les apprendre).

La cible acceptera le transfert :

• si elle reconnaît chez le transférant une vraie valeur professionnelle, une réelle expertise liée à l'expérience ;

• si elle n'a pas l'impression qu'on cherche à la « formater » sur un modèle du passé ;

• si elle se sent reconnue dans sa valeur. Attention à ne pas lui donner l'impression qu'elle n'a pas aussi sa propre valeur professionnelle, à ne pas la dévaloriser ; le discours devra insister sur le pari qui est fait sur elle et sur ses capacités d'évolution ;

• si une véritable relation de confiance se noue avec le transférant : la réussite est liée à la personnalisation du transfert.

RASSURER L'ENCADREMENT

Le transfert de compétences introduit au sein des entreprises, des organisations un nouveau mode de transmission des « bonnes pratiques » : l'encadrement n'est plus le seul vecteur de diffusion voire d'évaluation.

Cette situation doit être prise en compte et traitée, la direction doit être vigilante et mobiliser l'encadrement, et en particulier l'encadrement de proximité, tout au long du processus de transfert.

Elle doit l'associer à la validation des compétences à transférer, lui faire partager les choix du transférant et de la cible, le mobiliser dans l'évaluation de la mise en œuvre en situation réelle des compétences acquises par transfert.

Si l'encadrement ne se sent pas partie prenante des enjeux du transfert et impliqué dans le processus de mise en œuvre, il risque de développer des doutes, voire des résistances. Ces résistances se traduisent quelquefois par des interventions qui peuvent mettre en péril l'ensemble du processus de transfert : le transfert passe après la production, les temps définis pour le travail en commun ne sont pas respectés, le transférant se sent désavoué…

Chapitre 5

Mettre en œuvre le transfert

L'étape de définition et de contractualisation des objectifs du transfert et des moyens affectés est une étape essentielle et incontournable.

Pour la conduire, il faut s'appuyer sur les principes définis dans la méthodologie développée et mise en œuvre par le cabinet Itaque. L'originalité de la méthode d'Itaque tient essentiellement à cette étape. Il fallait oser proposer d'accompagner les apprentissages sans formalisation, en prenant le risque de faire confiance aux acteurs concernés.

ÉLABORER LE PLAN DE TRANSFERT

L'élaboration du plan de transfert va être l'occasion de définir et de contractualiser les objectifs de la démarche, les modalités de sa mise en œuvre et les moyens qui lui sont affectés.

Elle se conduit essentiellement avec le transférant : c'est lui qui sait identifier les situations complexes dans lesquelles il est amené à mobiliser des compétences, des modes d'action que l'expérience lui a permis de développer, de consolider.

Le repérage de ces situations se fait à travers un entretien avec le transférant. C'est un moment crucial et sensible ; le regard et le statut du consultant (externe, neutre et non hiérarchique) favorisent l'implication et la sincérité du transférant. Ce dernier doit, en effet, oser décrire les situations qui lui posent des problèmes complexes à gérer. Il fera preuve de plus de retenue vis-à-vis d'un responsable interne à l'entreprise (y compris du siège…), par crainte d'être évalué ou jugé.

Les situations complexes, supports du transfert, étant identifiées, il convient alors de préciser les modes de collaboration à établir entre le transférant et la cible.

Pour cela, et pour chacune des situations de transfert, devront être définis :

- la nature des activités que la cible devra être capable de réaliser à l'issue du transfert ;
- le calendrier (quel est le moment le plus opportun pour que le transférant et la cible travaillent ensemble ?) ;
- la fréquence (quel est le nombre de fois où il conviendra que le transférant et la cible travaillent ensemble ?) ;
- le temps à consacrer au travail en commun ;
- les moyens spécifiques à mobiliser (matériel, matière d'œuvre) ;
- les modes de collaboration (faut-il un premier temps de présentation par le transférant, faut-il mettre la cible en situation d'agir tout de suite, faut-il commencer par échanger ?) ;
- les critères d'évaluation de la fin du transfert (à quel moment le transférant considérera que la cible peut agir en autonomie ?).

C'est l'ensemble de ces éléments qui sont consignés dans le plan de transfert.

Une fois formalisé avec précision, le plan de transfert doit être présenté à l'encadrement pour qu'il puisse se l'approprier, le commenter, l'amender si nécessaire, en concertation avec le transférant, puis le valider.

Une fois validé, il doit être présenté et explicité à la cible afin qu'elle puisse y adhérer.

Le plan de transfert ainsi élaboré et partagé constitue un contrat de production tripartite entre le transférant, le responsable hiérarchique et la cible.

DES EXEMPLES DE PLANS DE TRANSFERT

Contrôler les bulletins de salaire et repérer les erreurs	
Les enjeux du transfert	Dans cette entreprise de fabrication de tuiles de l'ouest de la France appartenant à un grand groupe national, la responsable de la paye décide de partir à la retraite dans les six mois. L'adjoint RH va de ce fait avoir la responsabilité de l'ensemble des opérations de paye, il en assurera l'expertise et la supervision des opérations. Le transfert a pour enjeu de maintenir la qualité du service de la paye, afin d'éviter les erreurs et les risques de mécontentement des personnels.
Des éléments de bonnes pratiques (à compléter lors de la phase de capitalisation)	Repérer les spécificités (primes…). S'appuyer sur la connaissance des différents postes (la connaissance de l'usine est importante). Vérifier les heures supplémentaires, les absences qui semblent anormales. Regarder les points clés, les éléments variables et pas les éléments figés.
Les étapes	La transférante prépare une dizaine de bulletins de salaire comportant des anomalies ou des erreurs et demande à la cible de les détecter.
	Pour développer les mécanismes, la transférante complexifie les erreurs et demande à la cible de les identifier. La transférante s'assure que toutes les rubriques sont contrôlées et corrigées.
	La cible assure le contrôle des payes de juin en collaboration avec la transférante (qui en contrôle *a posteriori* l'exactitude).
	La cible assure seule le contrôle des payes de juillet (la transférante en contrôle *a posteriori* l'exactitude).
	La transférante et la cible échangent sur les problèmes rencontrés, les points d'amélioration possibles.
	La cible note les bonnes pratiques qu'elle a acquises au cours du transfert.
Les critères d'évaluation du transfert	Tous les bulletins de salaire sont conformes aux éléments de paye du mois.

Animer les réunions de l'équipe	
Les enjeux du transfert	Le directeur commercial régional d'un groupe de fabrication de béton part à la retraite après vingt ans d'exercice et de pratique et est remplacé par un ingénieur qui a occupé des fonctions transversales au siège. L'animation de l'équipe des commerciaux et le maintien de son dynamisme et de sa cohérence sont des enjeux forts pour le groupe.
Les étapes	La cible participe à une première réunion d'équipe animée par le transférant ; elle n'intervient pas, si ce n'est pour se présenter et pour compléter à sa demande les propos du transférant sur des points qu'elle maîtrise et qui auront été définis auparavant.
	Après la réunion, le transférant et la cible échangent sur les points abordés, les réactions des participants, les modes d'animation du transférant.
	Pour la deuxième réunion, le transférant et la cible préparent l'ordre du jour ensemble. La cible participe à l'animation en prenant en charge une partie de l'ordre du jour.
	Le transférant et la cible débriefent comme pour la première réunion mais en intégrant l'analyse du mode d'animation de la cible et de la réaction des différents participants.
	La troisième réunion d'équipe est animée par la cible, le transférant y participe en intervenant le moins possible.
	Le transférant et la cible débriefent en analysant tout particulièrement les réactions des participants et la façon dont la cible les a traitées.
Les critères d'évaluation du transfert	Ce sont les réactions des membres de l'équipe et la perception que le transférant a de leur adhésion et de ces réactions qui constitueront les critères d'évaluation.

Diagnostiquer les dysfonctionnements et les pannes d'ordre électrique	
Les enjeux du transfert	Dans cette usine de fabrication de tuiles appartenant à un groupe important, il s'agit de préparer le remplacement du responsable maintenance par un jeune, recruté depuis six mois et titulaire d'un BTS. Le transfert doit permettre à la cible de diagnostiquer au plus tôt les problèmes d'origine électrique entraînant des risques et/ou des pannes de l'outil de production et/ou des risques liés à la sécurité, ceci afin de limiter la fréquence et la durée des arrêts de production.
Les étapes	La cible prend connaissance des feuilles d'arrêt de production et donne son avis au transférant sur leurs éventuelles causes et sur les actions qu'il mettrait en œuvre. Le transférant en discute avec lui et éventuellement l'envoie rechercher des informations complémentaires auprès des chefs d'équipe.
	Lorsqu'un dysfonctionnement électrique se présente sur une machine, la cible et le transférant interviennent ensemble sur cette machine. Dans un premier temps (une dizaine de pannes), ensemble et en échangeant, ils : – localisent l'organe défaillant ; – identifient le secteur auquel appartient l'organe ; – identifient l'armoire électrique à laquelle il est rattaché et repèrent l'automate qui pilote la machine ; – repèrent la machine dans le plan électrique (nom de la machine) ; – utilisent la documentation machine adaptée ; – établissent le diagnostic ; – définissent les actions correctives à mettre en œuvre. Dans un deuxième temps, la cible agit seule, pendant que le transférant observe. Celui-ci n'intervient que si la cible s'égare un peu trop.
	Pour au moins trois interventions (réparations électriques) réalisées par la cible, le transférant observe et vérifie qu'elle procède bien en suivant la méthodologie de diagnostic (recherche de la panne) définie. Le transférant et la cible discutent de la panne et de la façon dont la cible a conduit le diagnostic.
Les critères d'évaluation du transfert	À l'issue du transfert, la cible est capable de : – surveiller l'ensemble des indicateurs (équipements) permettant de diagnostiquer des dysfonctionnements ; – identifier l'origine d'un dysfonctionnement électrique sur n'importe quel équipement de l'usine ; – appliquer la méthodologie de recherche de panne de manière systématique et rigoureuse.

Évaluer la qualité de la pierre	
Les enjeux du transfert	Dans cette carrière du Sud de la France, le chef d'exploitation travaille en binôme avec son second depuis quelques mois, mais l'entreprise souhaite sécuriser la succession en engageant une démarche de transfert des compétences, ceci afin de garantir le respect des choix du client tout en tenant compte de la destination de la pierre dans l'ouvrage et donc de ses caractéristiques.
Les étapes	Au préalable, le transférant et la cible établissent une cartographie des qualités attendues de la pierre en fonction de son usage dans l'édifice et du client.
	Chaque fois que le transférant identifie un « problème » dans une commande (par exemple une qualité de pierre non adaptée à la destination dans l'édifice), il transmet cette commande à la cible et observe comment celle-ci la traite. Ensemble, ils échangent sur les appréciations portées et sur les mesures à prendre.
	Le transférant explique éventuellement ce qu'il aurait proposé, en attirant l'attention de la cible sur les points problématiques identifiés.
Les critères d'évaluation du transfert	La cible est capable d'évaluer et de décider du marquage de la pierre extraite en toute autonomie et pour la totalité des blocs. Les clients sont satisfaits (cf. l'absence de retour client).

Cuire des tuiles dans un four à charbon	
Les enjeux du transfert	Cette briqueterie familiale du Sud-Ouest, qui appartient à la même famille depuis le XIXᵉ siècle, conserve des pratiques de fabrication spécifiques ; elle est une des rares briqueteries à pouvoir cuire des briques dans un four à charbon. Ces tuiles fabriquées en petites séries sont généralement réservées à la restauration de bâtiments anciens. L'entreprise a déjà souffert d'un départ en retraite non anticipé, qui a donné lieu à des pertes de compétences importantes. Pour ne pas risquer d'être à nouveau confrontée à ce problème, elle souhaite mettre en œuvre une démarche de transfert de compétences du responsable de l'entreprise en direction de son fils, futur repreneur. Les enjeux du transfert sont de maintenir une qualité de production constante en obtenant des produits de bonne couleur et de bonne qualité (mécanique et esthétique).
Les étapes	La cible est mise en situation de doublon avec le transférant pour un premier allumage du four. Le transférant lui montre et lui explique ce qu'il fait. Ils échangent ensuite sur l'intérêt de ce qui a été fait (*idem* pour la cuisson et l'avancée du feu).
	Pour le deuxième allumage, c'est la cible qui prend en charge les opérations en doublon avec le transférant, en échangeant avec lui sur ce qu'il fait et sur l'intérêt que cela représente (*idem* pour la cuisson et l'avancée du feu).
	Pour le troisième allumage, la cible est seule, le transférant vient valider ce qui a été fait une fois l'allumage réalisé (*idem* pour la cuisson et l'avancée du feu).
	Le transférant et la cible échangent sur les actions mises en œuvre et sur la qualité de la cuisson ; ils s'accordent sur les bonnes pratiques en faisant évoluer si nécessaire la notice existante.
Les critères d'évaluation du transfert	Les tuiles sont cuites en respectant les qualités mécaniques et de couleur attendues.

Chapitre 6

Suivre et accompagner
la mise en œuvre du transfert

Le transfert des compétences, comme on l'a vu, passe par un temps de mise en situation professionnelle qui doit être autant que possible ancré dans le travail réel.

Dans la plupart des cas, le plan de transfert établi est respecté, il sert de guide dans la mise en œuvre du dispositif. Les réajustements nécessaires sont souvent gérés directement entre le transférant et la cible. Il leur faut quelquefois obtenir l'assentiment de l'encadrement ou de la direction, en particulier lorsqu'il s'agit de mobiliser de nouveaux moyens, de réaffecter du temps au transfert ou de modifier le calendrier.

Les interventions du consultant, et en particulier du consultant externe, pendant la phase de mise en œuvre du transfert sont rares et en principe limitées à celles initialement prévues dans le plan de transfert.

Elles se traduisent généralement par l'animation d'une ou deux demi-journées de bilans intermédiaires, qui permettent de mesurer l'avancement du transfert, de traiter les problèmes d'organisation, de repérer les difficultés éventuelles et de les analyser pour construire les réponses collectives adaptées.

Si ces points d'étape sont l'occasion de réunir l'ensemble des acteurs impliqués (encadrement, transférant, cible), il convient également de ménager des moments pour des entretiens individuels, en particulier avec le transférant et la cible.

En effet, et surtout si le processus de transfert s'étale sur plusieurs mois, des signes de lassitude, voire de doute peuvent apparaître. Il convient de les entendre et de les traiter en rassurant le transférant et la cible, en les aidant à repérer les avancées réalisées, et en assurant les médiations que la dégradation des relations peut rendre nécessaires.

Il est pour cela important que le consultant reste en contact avec l'entreprise et en particulier avec le transférant tout au long du processus de transfert : il doit pouvoir être sollicité en cas de doute, de difficultés. On constate très souvent qu'un seul échange téléphonique suffit à lever des inquiétudes, à rassurer, à remotiver.

L'intervention du consultant peut être largement réduite lorsque certains acteurs internes s'impliquent directement dans le suivi du processus de transfert.

De ce point de vue, la désignation et l'implication d'un « pilote » du dispositif interne à l'entreprise facilitent largement la mise en œuvre du transfert.

Ce pilote interne doit être choisi pour sa neutralité dans le processus de transfert. Il doit avoir dans l'entreprise un statut qui lui permette de questionner les différentes parties prenantes (direction, encadrement, transférant, cible…), de solliciter les appuis nécessaires, de mobiliser les ressources prévues ou complémentaires… Dans la pratique, ce sont souvent des acteurs des ressources humaines ou de la qualité qui assurent cette fonction.

Le pilote doit être impliqué en coopérant avec le consultant le plus en amont possible du processus de transfert. Il doit être partie prenante du diagnostic, s'approprier le plan de transfert, rencontrer le transférant et la cible dans la phase de mobilisation des acteurs.

Les facteurs de risques à prendre en compte dans la mise en œuvre du plan de transfert

La mise en place du plan de transfert peut se heurter à un certain nombre de difficultés :

• le désengagement de l'entreprise, qui se traduit souvent par un retrait dans la mobilisation des moyens définis pour le transfert ;

• la résistance de l'encadrement de proximité, qui, s'il ne se sent pas totalement impliqué dans les enjeux du transfert, privilégie les enjeux de production au détriment des enjeux de transfert ;

• la démobilisation du transférant, qui est souvent la conséquence des facteurs précédents ou du manque de réceptivité de la cible ;

• la démotivation de la cible, en particulier lorsqu'elle ne possède pas les prérequis nécessaires ou lorsqu'elle ne mesure pas l'intérêt du transfert ;

• la rigidité de l'organisation, qui ne permet pas au transférant et à la cible de travailler ensemble à la gestion de situations complexes (incidents à traiter, réglages à effectuer, aléas de la production).

Patrick Conjard et Fabienne Caser, dans l'analyse qu'ils ont faite des actions de transfert conduites dans les entreprises relevant de l'OPCA Forcemat, soulignent pour leur part les aménagements de la situation du travail qu'il a été quelquefois nécessaire d'imaginer et de mettre en place pour faciliter la réussite du transfert :

« *Le transfert des savoir-faire d'expérience passe par des temps de pratiques et d'échanges (la combinaison du dire et du faire) entre le transférant et la cible. Cet appui sur les situations de travail n'est pas toujours possible en raison de contraintes de production, de sécurité ou de qualité. Cela passe aussi parfois par des aménagements de ces situations afin de les rendre plus apprenantes, en levant pour un temps certaines exigences de production ou de qualité. La possibilité provoquée par une organisation du travail spécifique pour permettre au couple « transférant-cible » d'être en situation de résoudre ensemble des problèmes est déterminante.*

Nous avons identifié plusieurs terrains dans lesquels un aménagement des situations de travail a été nécessaire et s'est révélé bénéfique pour le transfert. Dans une entreprise, il a été décidé d'avancer le lancement d'une production pour permettre à l'une des « cibles » de se former sur un produit particulier ; et le temps de la réunion quotidienne d'analyse des défauts a été rallongé pour pouvoir l'utiliser à des fins pédagogiques. Dans de nombreux cas, l'entreprise a accepté de diminuer temporairement les exigences de productivité pour donner la priorité au transfert[1].

---

1. CONJARD Patrick, CASER Fabienne, *Transfert des savoir-faire d'expérience, enseignements liés au suivi et à l'évaluation d'un projet FSE de l'OPCA Forcemat*, Éditions de l'Anact, collection « Études et documents », 2009.

Chapitre 7

Conclure une action de transfert

FAIRE LE BILAN DU TRANSFERT

Les éléments du bilan

L'accompagnement des différentes actions de transfert montre l'importance qui doit être accordée à un bilan partagé de l'action d'une part, au recueil (capitalisation) des compétences d'expérience transmises d'autre part.

Le **bilan d'une action de transfert** doit intégrer plusieurs éléments :

- les résultats de l'évaluation faite par le transférant des compétences acquises par la cible. Cette évaluation se conduit tout au long du processus de transfert, elle s'appuie sur les critères définis au moment de l'élaboration du plan d'action. Il y a un véritable intérêt à ce que cette évaluation soit établie en concertation entre le transférant et la cible ;

- l'évaluation du niveau de maîtrise par la cible, en situation réelle, des compétences définies pour le transfert. Cette appréciation doit être établie par l'encadrement ; elle est indispensable pour valoriser l'implication du transférant et donner à la cible des éléments de reconnaissance de l'élévation de son niveau de compétences. C'est souvent cette évaluation qui légitimera la démarche aux yeux des autres services et permettra son développement dans l'entreprise ;

- les éléments qualitatifs d'appréciation sur la démarche mise en œuvre recueillis auprès des acteurs : le transférant, la cible, l'encadrement…

Un exemple de bilan de transfert

Tableau d'évaluation du transfert

Activités retenues pour le transfert	Évaluation du niveau de maîtrise de l'activité (des compétences associées)		
	Totalement maîtrisé	Maîtrisé mais à consolider	Non encore maîtrisé
Établir la procédure de paye, analyser les feuilles de pointage	x		
Préparer les contrôles Urssaf	x		
Répercuter les changements de cotisations sur les salaires		x	
Repérer les erreurs sur les bulletins de salaire	x		

Le bilan qualitatif du transfert

Du point de vue du transférant

Le dispositif de transfert a permis de combler certaines lacunes de la cible, d'analyser avec elle les problèmes rencontrés, de développer son sens de l'observation et de la conduire à adopter des réflexes et à maîtriser tous les points importants.

La mise en œuvre du transfert s'est faite suivant une méthode de travail efficace, le transfert s'est inscrit dans un cadre précis :

On avait un « coach » derrière nous ; le fait de choisir les compétences critiques est important et permet de se concentrer.

Le questionnement du consultant permettait de respecter le cadre. On sentait quelqu'un qui s'assurait que les choses étaient menées.

La relation entre le transférant et le consultant est importante.

Pouvoir transmettre ses compétences est très important.

Je souhaite de tout cœur que ça se passe bien. Ce que l'on a construit doit continuer à fonctionner. Ceux qui n'ont pas voulu transférer leurs compétences ont souvent de la rancune. Si l'entreprise reconnaît ce que j'ai fait, c'est important.

Je pars avec un excellent souvenir de ma fin de carrière. Le fait d'avoir mené à bien le transfert est important.

Du point de vue de la cible

Si le dispositif de transfert n'avait pas été mis en place, il n'y aurait pas eu de cadre pour la transmission, les choses auraient été plus difficiles. Des compétences auraient certainement été transmises, mais avec une efficacité moindre.

Le transfert a permis d'acquérir la vigilance et la rigueur, de se tenir aux points clés, de développer les réflexes, de développer l'autonomie – je prends plus de responsabilités.

Le transfert a permis de se centrer sur des points précis, de valider les acquis.

Du point de vue du responsable hiérarchique

Les choses se sont très bien passées, le dispositif mis en œuvre a apporté un cadre (ce qui est très important) et facilité les collaborations, ce qui a permis le transfert. Le transférant s'est impliqué totalement et sans retenue. Les cibles ont bien compris l'enjeu et l'intérêt d'acquérir les bonnes pratiques issues de l'expérience.

Du point de vue du consultant

L'action de transfert est à plus d'un titre remarquable :

- par l'implication totale et enthousiaste du transférant, qui a trouvé dans la démarche proposée le moyen de réaliser un de ses souhaits les plus sincères : assurer la pérennité du service et de la qualité de son fonctionnement ;
- par l'attention constante et la mobilisation de la cible, qui, reconnaissant l'expertise du transférant, a eu le souci permanent de s'approprier ses compétences ;
- par l'impulsion du responsable hiérarchique, qui, sans intervenir directement dans le processus, a autorisé et facilité la mise en œuvre du cadre propice au transfert. Par son attention permanente et son questionnement régulier, il a su montrer l'importance qu'il accordait au dispositif et a favorisé ainsi la mobilisation constante des acteurs.

Le bilan établi permet de mesurer, outre la profonde satisfaction du transférant d'avoir pu avant de partir « transmettre » ses compétences, l'évolution de la cible, qui, au-delà de la maîtrise validée des compétences objets du transfert, a acquis une aisance professionnelle soulignée par l'ensemble des acteurs.

> **C'est souvent le bilan d'une première action menée à titre expérimental qui convainc la direction ou des responsables de services d'engager plus largement d'autres actions de transfert.**

Dans un certain nombre de groupes industriels (KP1, Lafarge plâtres, Imerys terres cuites…), le DRH et le directeur industriel ont décidé, à l'issue d'une première action mise en place dans un des sites, et au vu du bilan établi, d'étendre la démarche à l'ensemble des entités.

Après avoir testé le transfert sur trois sites, dont Mably, Imerys l'a généralisé en 2008. Sur des métiers de production mais aussi sur d'autres, comme les postes de commercial, « où la connaissance du client, qui ne s'apprend pas à l'école, est pourtant cruciale pour nous », explique Ivan Balazard, DRH. Désormais, l'entreprise, qui a formé 5 consultants en interne à la méthode d'Itaque, a réalisé 29 TSE, 5 étant en cours. De quoi voir venir les départs à la retraite avec sérénité.

Élément de réponse efficace face au vieillissement du personnel et aux difficultés de recrutement, la démarche de transfert des savoir-faire de l'expérience est désormais totalement intégrée à la politique sociale de KP1. Elle se déploie sur tous les sites – usines, agences, dépôts, bureaux d'études – selon les besoins identifiés : départs à la retraite, investissements, intégration de nouveaux entrants. Ainsi, à titre d'exemple, 100 collaborateurs – anciens et jeunes – ont été ou sont concernés par cette démarche dans les 20 sites industriels KP1. Parallèlement, KP1 continue de s'investir fortement dans la formation interne.

Son DRH, Michel Nardone, livre son témoignage :

« *La réussite d'Itaque c'est d'avoir su mettre en place cette opération en évitant les réticences, en valorisant les gens qui allaient expliquer comment ils travaillaient, et en les aidant parce qu'ils ne savaient pas expliquer. Le consultant a su mettre en place quelque chose qui a fonctionné.*

Toutes les usines ont eu à un moment donné une opération de transfert selon leurs besoins spécifiques (ce n'est pas du tout systématique et doit correspondre à une situation assez rare, parfois cela ne concerne que deux salariés, qui dans l'usine maîtrisent des savoirs-faire spécifiques).

*Avec le transfert, **on prolonge la passion des gens plus âgés pour leur poste, en les mettant dans les meilleures conditions pour transmettre...** J'ai un taux d'échec epsilonesque...*

C'est une des plus belles opérations RH que j'aie pilotée.

Capitaliser les éléments du transfert

Le bilan donne généralement peu d'éléments sur la nature réelle des compétences transmises, sur les « bonnes pratiques » que la cible a pu identifier et intégrer.

Pourtant, les transferts conduits font tous état d'une évolution de la cible, d'un développement de ses compétences, d'une réelle appropriation de bonnes pratiques, et posent de ce fait la question de l'identification, de la capitalisation et de la formalisation de ce qui a pu être transféré.

Il a été dit plus haut à quel point il est difficile pour le transférant d'identifier et de formaliser les compétences tacites que l'expérience lui a permis de développer. En outre, cette identification et cette formalisation sont souvent artificielles.

L'expérience montre *a contrario* que la cible a beaucoup plus de facilité, pour peu qu'on l'accompagne dans cette démarche, à identifier les bonnes pratiques, les savoir-faire, les tours de main, les manières de réagir, et donc les compétences spécifiques du transférant. Elle sait dire ce que le processus de transfert lui a permis d'observer, de s'approprier.

C'est l'ensemble de ces éléments qu'il est intéressant de formaliser, de capitaliser : pour cela, il convient de mettre la cible en situation de confiance et d'accompagner sa réflexion.

On est clairement dans un processus d'« externalisation », au sens de Nonaka[1], des compétences tacites pour les transformer en compétences explicites.

---

1. Nonaka Ikujiro, « A Dynamic Theory of Organizational Knowledge Creation », *Organization Science,* 5 (1), 1994, 14-37.

Dans cette phase, le rôle du consultant est essentiel : il doit amener la cible à conduire une analyse réflexive sur sa pratique et à identifier ce que le dispositif lui a permis d'apprendre, de mieux comprendre, de faire différemment.

Les éléments de capitalisation

L'identification et la formalisation des éléments constitutifs des compétences d'expérience objets du transfert sont liées à la capacité de restitution de la cible.

Il convient, pour faciliter et accompagner sa réflexion, son analyse, de créer un sentiment de confiance. La cible doit pouvoir exprimer ce qu'elle fait différemment, ce que le transfert lui a permis de comprendre, de s'approprier. Elle ne doit pas craindre que ses propos soient déformés, interprétés ou considérés comme des aveux de faiblesse.

Dans de nombreuses entreprises, les éléments issus de la capitalisation ont été pris en compte et intégrés. Ils ont pu ainsi enrichir ou faire évoluer le process de fabrication, compléter ou initier un guide des bonnes pratiques, définir des contenus de formation…

La plupart des entreprises et des groupes ont été fortement intéressés par l'usage qu'ils pouvaient faire des éléments issus de la capitalisation, certains allant même jusqu'à initier de nouvelles actions de transfert pour « capter » et ensuite diffuser les bonnes pratiques et les savoir-faire constitutifs des compétences tacites de certains salariés expérimentés.

La capitalisation donne à l'entreprise des éléments de réflexion, des pistes d'évolution de ses modes d'organisation ou de production.

Un exemple de bonnes pratiques capitalisées

Les activités supports des compétences transférées	Les enjeux	Des éléments de bonnes pratiques issus de la capitalisation
Établir la procédure de paye, analyser les feuilles de pointage	Éviter les erreurs, repérer les anomalies. L'exactitude des éléments de paye montre la valeur d'un service de paye.	Ne pas se contenter de recopier ce que les chefs d'équipe écrivent, analyser chacune des feuilles de pointage. Se renseigner auprès des chefs d'équipe sur la réalité des éléments transcrits chaque fois qu'il y a un doute. Prendre du recul par rapport à la feuille de paye. Faire des analyses pour repérer ce qui peut ne pas paraître logique, avoir un regard critique sur certains points. Prendre un temps de réflexion, faire le lien avec la connaissance que l'on a du service, de la personne. …
Répercuter les changements de cotisations sur les salaires	Anticiper à temps les erreurs possibles. Valoriser le service RH en ne déclenchant pas de réclamation.	Se reporter aux feuilles explicatives des éditions Lefèvre. À chaque modification d'une rubrique, faire un échantillon de bulletins blancs pour réaliser une simulation complète et s'assurer qu'il n'y a pas d'erreur ou d'anomalie. Ne pas vérifier 100 bulletins de salaire mais prendre un échantillon avec des cadres, des ETAM, des opérateurs, des personnes à mi-temps. …

Chapitre 8

Le transfert, une démarche ouverte

UNE DÉMARCHE QUI CONCERNE TOUS LES CHAMPS DE COMPÉTENCES

Le transfert de compétences ne doit pas se limiter aux compétences intellectuelles ou managériales, il doit aussi pouvoir s'appliquer à des compétences d'opérateurs.

L'entrée ne se fait pas par le poste, contrairement à la plupart des réflexions sur la gestion des compétences, mais par la personne : ce sont bien les compétences de l'individu, et en particulier ses compétences tacites, que l'on va chercher à identifier et à transférer.

L'expérience a montré qu'aucun domaine, aucun secteur, aucune fonction ne devraient être exclus d'emblée d'une réflexion sur le transfert de compétences.

Citons, pour montrer la diversité des actions possibles, un certain nombre d'actions de transfert conduites :

- Carrières : DAM matériaux, Imerys, Colas, Eurovia, Proroch ;
- Industrie du béton : KP1 (17 usines), Holcim Béton, Sigma Béton ;

- Industrie du plâtre : Lafarge Plâtres, Placoplâtre ;
- Céramique : Idéal Standard, Unifrax France, Emile Henry ;
- Matériaux : Roussillon Agrégats, Toupret ;
- Alimentaire : Candia, Lu Kraft ;
- Social : La Chrysalide ;
- Tuiles et briques : Saverdun Terre cuite, Imerys (18 usines), Terreal, Tuileries Capelle ;
- Construction : Maison individuelle, Escaliers Poncy ;
- Bâtiment : Rollero ;
- Négoce : Sylvestre ;
- Secteur forestier : Compagnie des Forestiers ;
- Recherche agronomique : Plan SPG ;
- Expertise comptable : CEC ;
- Marbrerie funéraires : Rebillon ;
- Jardins, espaces verts : Botanica, Provence Jardins ;
- Viticulture : Château de Berne ;
- Agriculture : Leydier en Provence ;
- Syndicats employeurs : Unicem Nord – Pas-de-Calais.

Si la méthodologie décrite peut s'appliquer à tous les domaines professionnels, elle peut aussi être utilisée pour l'ensemble des fonctions d'une entreprise, d'une organisation.

Citons quelques exemples de fonctions sur lesquelles des actions de transfert ont été réalisées :

- responsable de production ;
- responsable qualité ;
- chef de carrière ;
- responsable préparation terre ;
- responsable commercial ;

- responsable maintenance ;
- responsable achats ;
- opérateur maintenance ;
- opérateur production ;
- responsable paye ;
- comptable ;
- élagueur ;
- greffeur ;
- commercial (dans toutes sortes de domaines) ;
- chef de chantier ;
- tailleur de pierres ;
- aide-soignante ;
- chef d'entreprise…

Si la plupart des actions de transfert développées concernent des compétences liées à la production, au management, à la gestion, au commercial, des champs nouveaux ont été ouverts, qui méritent d'être approfondis. Citons en particulier le domaine de la sécurité, où l'on s'aperçoit que les comportements de prudence et de préservation sont très souvent renforcés avec l'expérience.

Comme l'a souligné Paul Olry dans une note de synthèse élaborée pour le colloque organisé par l'Anact sur « La transmission des savoirs d'expérience de santé-sécurité[1] » : « L'expérience se constitue dans un temps long. La durée d'exercice dans un emploi, une fonction, une activité professionnelle, façonne un rapport aux risques (quand bien même le danger est mal connu), axé sur la prévention. On sait mieux ce que l'on doit éviter et l'on prend les précautions qui l'exigent. »

---

1. Actes du colloque « La transmission des savoirs d'expérience de santé-sécurité » organisé par l'Anact le 1er décembre 2009, téléchargeables sur : www.anact.fr/web/dossiers/ages-genre-pluralite/transfert-savoir-faire

Ce constat a amené un certain nombre d'entreprises autour de l'Anact à s'interroger sur les modalités de transfert de ces compétences de prudence.

La transmission des compétences de prudence doit se faire dans un cadre précis et « contrôlé » par l'entreprise. Il convient d'être particulièrement vigilant : ce qui est transmis ne doit pas être transgressif par rapport aux règles de sécurité établies. Il s'agit d'identifier et de permettre la transmission d'attitudes, de comportements qui ont montré leur efficacité et leur pertinence. Il convient de faciliter leur appropriation et leur intégration par les cibles sans chercher à ajouter aux règles de sécurité déjà établies des prescriptions trop contraignantes et qui pourraient être mal comprises.

Ainsi, Paul Olry ajoute : « La transmission d'un savoir-faire de prudence n'est donc pas duplication, mais ajustement "à sa main" d'une pratique de sauvegarde de sa propre santé et de celle d'autrui, dans une perspective de croissance de la sécurité d'une part et des capacités à l'assurer d'autre part. Ainsi, la transmission des savoir-faire de prudence est étroitement liée à la politique comme aux pratiques de gestion des risques dans l'entreprise. »

LE TRANSFERT DANS LE MONDE ARTISTIQUE

Si le transfert de compétences trouve sa place et a montré son intérêt dans le domaine industriel ou dans celui des services, il a toujours existé dans le domaine artistique, et ce sous des formes spécifiques et variées.

> « *Dans l'art comme dans la nature, ce que nous sommes tentés de prendre pour des nouveautés n'est qu'une continuation plus ou moins modifiée.* (Pierre-Auguste Renoir.)

Dans le domaine artistique, peut-être plus que dans d'autres, les compétences développées sont essentiellement tacites (cf. *supra* : la compétence tacite fait référence à des aptitudes et à des actions que l'on peut réaliser sans être capable d'expliquer complètement comment l'on y parvient).

« Le développement de compétences artistiques suppose en général une combinaison complexe entre, d'une part, la transmission descendante de la "tradition" par les "maîtres" à travers les enseignements qui sont dispensés dans les conservatoires et, d'autre part, la créativité, l'apprentissage personnel par la pratique, auxquels s'ajoutent la gestion de l'estime de soi, la capacité de résilience face à l'échec, le sens relationnel, l'aptitude à se procurer les informations nécessaires à l'insertion dans les réseaux, la découverte de la gamme des idiosyncrasies comportementales qui font partie de la culture professionnelle des mondes de l'art, l'aptitude à s'ajuster sans délai à des équipes dans des projets[1]. »

Même si le transfert n'est jamais vraiment organisé, on peut se risquer à faire un rapprochement entre ce qui a été décrit dans les chapitres précédents et ce que l'on observe dans le domaine de la peinture.

Reprenons pour cela les cinq phases du processus de transfert identifiées et formalisées par Cohen et Levinthal pour les confronter aux propos de certains maîtres.

- **La reconnaissance de la valeur** (reconnaissance de la valeur des compétences du transférant, du maître, reconnaissance par la cible elle-même bien sûr mais aussi par l'environnement professionnel).

Sir Joshua Reynolds le souligne :

> *Étudiez donc les œuvres des grands maîtres pour toujours. Étudiez-les d'aussi près que vous le pouvez, à la manière et selon les principes qui les ont eux-mêmes guidés. Étudiez la nature atten-*

---

1. MENGER Pierre-Michel, *Le travail créateur. S'accomplir dans l'incertain*, Paris, Gallimard-Seuil, Collection « Hautes études », 2009.

tivement mais toujours en compagnie de ces grands maîtres. Considérez-les à la fois comme des modèles à imiter et comme des rivaux à combattre[1].

- **L'effort d'acquisition** (largement lié et dépendant de la valeur que la cible donne aux compétences à obtenir).

Léonard de Vinci explique :

> *Le jeune homme doit d'abord apprendre la perspective, ensuite les proportions de toutes les choses ; ensuite il travaillera d'après un bon maître, pour s'habituer aux belles formes ; ensuite d'après nature, pour s'imprégner des principes compris ; puis il étudiera quelque temps les œuvres de divers maîtres ; et enfin il apprendra à exercer et à appliquer lui-même l'art[2].*

- **L'assimilation** (une fois les compétences reconnues, la cible, si elle en a mesuré la valeur et l'intérêt, cherchera à les assimiler et à les comprendre).

Jean-Paul Sartre l'illustre :

> *Un peintre apprenti demandait à son maître : « Quand dois-je considérer que mon tableau est fini ? » Et le maître répondit : « Quand tu pourras le regarder avec surprise, en te disant : "C'est moi qui ai fait ça[3]." »*

- **L'adaptation** (la cible adaptera les compétences à son contexte, ce qui implique qu'elle soit en capacité de les internaliser pour les transposer aux différentes situations qu'elle rencontre).

---

1. REYNOLDS sir Joshua (1723-1792), *Discours en art,* VI, 1774.
2. DE VINCI Léonard, *Traité de la peinture,* traduction d'André Chastel, Berger-Levrault éditions, 1987.
3. SARTRE Jean-Paul, *Qu'est-ce que la littérature ?,* Collection Gallimard « Folio », 1948, p. 46-47.

Paul Cézanne l'enseigne :

> *Le Louvre est le livre où nous apprenons à lire. Nous ne devons pas cependant nous contenter des belles formules de nos illustres devanciers. Le style ne se crée pas de l'imagination servile des maîtres ; il procède de la façon propre de sentir et de s'exprimer de l'artiste.*

- **L'appropriation** (les compétences acquises seront exploitées, transposées dans d'autres contextes, et transformées si nécessaire pour être améliorées).

Pablo Picasso le définit :

> *Qu'est-ce au fond qu'un peintre ? C'est un collectionneur qui veut se constituer une collection en faisant lui-même les tableaux qu'il aime chez les autres. C'est comme ça que je commence, et puis ça devient autre chose[1].*

Anne Baldassari, commissaire de l'exposition *Picasso et les maîtres,* ajoute : « Picasso ne plagie pas les maîtres : il s'approprie leurs toiles et les réinvente. »

Il ne s'agit pas ici, à travers ce clin d'œil fait au monde artistique, de prétendre décoder et analyser les processus complexes de développement du talent.

Les échanges conduits avec de jeunes artistes montrent l'importance de l'expérience et le poids de l'influence des maîtres dans l'acquisition des techniques, dans la recherche d'inspiration.

---

1. KAHNWEILER Daniel-Henry, « Huit entretiens avec Picasso », *Le Point,* octobre 1952.

Ainsi, l'artiste peintre Christophe Giordani[1] déclare :

« *La peinture s'apprend au contact des autres, on peut démarrer seul, mais très vite on bloque, faute de maîtriser les techniques nécessaires pour exprimer ce que l'on ressent. Un cycle d'apprentissage se décline en plusieurs phases : travailler seul, regarder le travail des autres, faire avec d'autres, puis à nouveau travailler seul. On est souvent en recherche de références : il est indispensable d'avoir un socle de connaissance des œuvres des autres.*

On ne cherche pas à recopier mais à se réapproprier le travail des autres pour progresser, dépasser des difficultés techniques, même si l'on interprète les choses différemment. La relation avec les maîtres et leur savoir-faire se fait souvent à travers un tableau : c'est le tableau qui est le médiateur et le support de la transmission, il faut aller chercher les réponses, il faut souvent réinventer soi-même.

En parallèle, les transférants ont souvent fait des rapprochements entre leurs compétences tacites et le domaine artistique, comme l'illustre ce témoignage d'un responsable « préparation terre » :

« *Je ne sais pas comment je m'y prends : c'est comme si vous demandiez à un peintre de vous expliquer comment il fait pour obtenir la couleur bleue de son ciel.*

---

1. Christophe Giordani, artiste peintre à Paris (christophegiordani.com).

PARTIE 3

Quels enseignements du transfert pour une évolution de la gestion des compétences

Chapitre 1

Le transfert des compétences, une piste innovante

Si le transfert des compétences d'expérience n'a pas l'ambition de suppléer aux démarches de GRH dans leur globalité, les enseignements qui en ont été tirés peuvent cependant contribuer à enrichir et à renouveler les pratiques de développement des ressources humaines.

Le transfert des compétences présente un certain nombre d'avantages en regard des difficultés généralement rencontrées dans la mise en place de démarches métier globales et anticipatrices.

Il ne s'agit pas d'une démarche visant à étudier des problèmes, des risques, en produisant des grilles de compétences destinées à des services formation ou à des tuteurs ; il s'agit avant tout d'un dispositif opérationnel de partage des compétences d'expérience en situation de travail. Ce dispositif n'est mis en place qu'après une réflexion approfondie sur l'intérêt de l'entreprise à maintenir ou à développer des compétences détenues par certains collaborateurs. Sa réussite dépend essentiellement de la réalité d'un intérêt partagé de l'entreprise (*via* ses managers) et des individus à reconnaître et à mobiliser certaines compétences dans la durée. Les objectifs du transfert sont précisés en amont du dispositif, et leur atteinte est susceptible de faire l'objet d'une évaluation.

La formalisation du dispositif est volontairement limitée pour éviter de trop réduire les champs du transfert, et de tomber dans un travers prescriptif et taylorien.

On sait, en outre, que l'on perdrait beaucoup de temps à vouloir énumérer, rédiger l'ensemble des compétences d'expérience accumulées par un individu pendant sa carrière, sans forcément améliorer la possibilité de les conserver vivantes au sein de l'organisation. L'essentiel consiste non pas à représenter ou à formaliser ce qui doit être transmis, mais à le repérer et à en assurer la maîtrise par la ou les cible(s) en situation réelle de travail. Ce point exige de la part du consultant une réelle expérience en matière d'analyse du travail, de diagnostic des compétences. Une approche globale du processus de production et une compréhension préalable du contexte organisationnel sont indispensables.

Le dispositif de transfert repose sur une demande et sur une collaboration étroite avec les responsables opérationnels ou les managers de la production, à qui il redonne une certaine maîtrise sur les questions de compétences. On constate que les dispositifs de transfert de compétences fonctionnent d'autant mieux qu'ils sont en cohérence avec des pratiques managériales établies favorisant l'enrichissement des emplois ou la réflexion sur l'évolution continue de l'organisation du travail. La réussite dépend notamment de la capacité des managers à s'y intéresser de près et à manifester ainsi une reconnaissance de terrain de la créativité et de la qualité professionnelle.

Cette capacité à s'intéresser aux compétences serait source de progrès dans les organisations actuelles.

Ainsi, Philippe Zarifian déclare : « Et l'on constate un retour vers une forme de travail "artisanal" sous des formes bien différentes de l'époque préindustrielle. Le travail mobilise la compétence des individus qui mettent en place des savoirs d'action dans une activité organisée. La compétence n'existe que dans l'action. »

Enfin, il s'agit d'un dispositif fondé sur le don, sur le partage entre salariés. À l'heure où l'on décrit les tendances d'un individualisme croissant, en partie encouragé par les démarches d'évaluation individuelle, cette possibilité de mettre en place des dispositifs « sans intéressement » est très originale. Le transférant, dont le rôle n'est pas institutionnalisé, participe sur la base du volontariat, il effectue la démarche à titre gratuit. Cependant, cela n'exclut pas l'expression et le partage d'une forme de gratitude de la part de la cible et de l'entreprise à l'égard du transférant.

Conséquence de ses différentes caractéristiques, la durée et le coût d'un dispositif de transfert sont limités. Et il est rare pour des consultants d'accompagner des dispositifs permettant de travailler l'expérience de manière relationnelle plus que de manière formelle.

Le transfert de compétences, démarche innovante, ouvre de nombreuses et intéressantes pistes de réflexion sur les évolutions des métiers de consultant RH et de responsable des ressources humaines, et sur les responsabilités des managers opérationnels, en particulier des managers de proximité, en matière de gestion des compétences.

Chapitre 2

En complément, d'autres pistes méritent d'être poursuivies

Les enseignements du transfert de compétences ouvrent des pistes de réflexion dans trois grandes directions.

MANAGER EN ACCORDANT DAVANTAGE D'IMPORTANCE AU TRAVAIL

Les managers accordent souvent plus d'intérêt au suivi de la production qu'à la réalité du travail.

Les échanges au sein des équipes et avec le management, en particulier avec le management de proximité, sur le contenu du travail (processus de production, qualité des produits, conditions de travail…) mériteraient d'être renforcés pour :

- favoriser l'analyse collective du travail, notamment lors des réunions et des entretiens professionnels, en évitant de parler uniquement des résultats, et en prenant le temps de s'interroger sur les moyens de surmonter les difficultés, d'innover… ;
- attribuer les projets ou activités en associant des personnes susceptibles de se compléter et de s'enrichir mutuellement, notamment

en favorisant l'intergénérationnel. L'intergénérationnel n'est pas une fin en soi mais un moyen de mettre en synergie des compétences fondées sur des connaissances actualisées et des compétences liées à l'expérience ;

- choisir et évaluer les managers en fonction de leur capacité à faciliter et à valoriser l'expression des potentiels, à faire émerger et à promouvoir des talents, plutôt qu'à se montrer comme seuls responsables de la performance collective ;

- associer les acteurs concernés aux réflexions sur l'évolution de leur activité, ce qui bouleverse totalement les habitudes en matière d'organisation du travail. Ne pas laisser aux seuls bureaux des méthodes ou à l'encadrement la réflexion sur des changements opérationnels (on a trop souvent entendu dire : « Si on m'avait demandé mon avis »), même si la participation n'est pas toujours spontanée.

VALORISER L'EXPÉRIENCE

Pour éviter de ghettoïser les seniors, au moment où les mesures récentes d'allongement de la vie professionnelle se mettent en place, il convient de :

- revoir les modalités d'accès à la formation, en repérant les formations vraiment utiles à l'atteinte d'un objectif d'évolution. Ne pas arrêter de former les seniors mais éviter de leur faire suivre la « énième » formation sur les mêmes contenus, ne pas les reformer sur des sujets qu'ils maîtrisent ;

- faciliter l'existence de mobilités internes variées, y compris vers des postes moins stressants, moins exigeants en disponibilité, et s'affranchir de l'idée que seule la mobilité verticale et « payante » est susceptible de motiver ;

- inventer des évolutions de carrière qui ne soient pas uniquement ascendantes, développer des carrières d'experts ailleurs que dans la recherche, repérer les expertises, les savoirs accumulés pour faire davantage appel à eux ;

- créer des équipes intergénérationnelles et favoriser les occasions de collaboration, ne pas faire des équipes de « vieux » ni des métiers de « vieux », veiller à la répartition entre les générations des compétences nouvelles dont l'entreprise a besoin ;

- ne pas réserver le tutorat aux seniors, et ne pas assimiler senior à « susceptible de devenir tuteur... », comme si c'était la seule voie possible dans une évolution de carrière, et comme si chacun, à partir d'un certain âge, en avait les compétences.

Serge Guérin, sociologue, auteur de *Vive les vieux !*[1] et coauteur, avec Gérard Fournier, du *Management des seniors*[2], s'exprime ainsi : « L'avenir des seniors dans l'entreprise ne peut se résumer à la multiplication des postes de tuteurs. Tous les seniors n'ont pas nécessairement un savoir-faire transmissible, ni le désir ou la compétence de le faire. En revanche il importe d'expérimenter des voies nouvelles dont le principe de la mobilité horizontale est sans doute l'un des plus féconds. »

ADOPTER DES DÉMARCHES COMPÉTENCES PLUS SOUPLES

Des dispositifs de gestion des compétences ont parfois eu pour conséquence de figer les périmètres des emplois et des organisations. C'est pourquoi il est aujourd'hui nécessaire de favoriser des démarches axées sur la prise en compte des évolutions (proactive) et qui associent plus directement les intéressés eux-mêmes.

---

1. GUÉRIN Serge, *Vive les vieux !* Michalon, 2008.
2. GUÉRIN Serge, FOURNIER Gérard, *Le Management des seniors,* Eyrolles, 2009.

Les enseignements des actions de transfert conduites montrent l'intérêt qu'il y a à laisser aux managers de proximité la possibilité d'ajuster et de faire évoluer la répartition des activités et donc l'organisation en tenant compte des compétences réelles des personnes et des objectifs d'évolution de chacun.

Le but principal des démarches compétences n'est pas de décrire l'existant puis d'anticiper l'avenir et de combler des écarts, mais de partager une vision collective de ce qui est nouveau ou en forte évolution pour mettre en place de nouvelles méthodes de travail et développer de nouvelles compétences.

Il ne s'agit donc pas de produire des études ou des répertoires de compétences, mais seulement de doter les managers des outils de gestion des compétences dont ils ont besoin pour :

• faire évoluer leur organisation, et donc les répartitions d'activités, les frontières entre les équipes, les collaborations à mettre en place ;

• échanger avec leurs équipes et leurs agents sur la nature des compétences à acquérir ou à renforcer, et mettre en place des actions volontaristes pour y parvenir, soit en situation de travail (l'autoformation est fréquente dans certains métiers), soit en s'appuyant sur une modalité pédagogique *ad hoc* : échanges de pratiques, formation spécifique ou formation standard… ;

• permettre aux agents d'identifier des perspectives professionnelles et de mesurer la faisabilité des différentes options ;

• gérer ensemble les connaissances et les compétences. La réflexion sur le patrimoine des connaissances et les méthodes mises en place pour l'identifier et le conserver progressent dans nombre d'entreprises qui ont pris conscience de son importance dans le maintien de leur avantage concurrentiel. Si le lien intellectuel entre les différentes démarches semble évident, les interactions sont encore souvent, dans la pratique, peu maîtrisées.

Les actions de transfert ont généralement été mises en place à l'occasion des fins de carrière.

Or, ces opérations « ponctuelles » pourraient perdre de leur utilité si les partages d'expériences étaient mieux organisés tout au long de la vie active. En effet, rien ne s'opposerait à capitaliser systématiquement sur les « revues d'incidents », sur les innovations, afin d'en diffuser les effets bénéfiques. Sur ce point, relevons l'intérêt réel qu'il y aurait à organiser et à animer des revues d'incidents ou d'analyses de pratiques dans la durée.

Mais une diffusion des bonnes pratiques exclusivement centrée sur la formalisation de connaissances mises à disposition de tous, sur un site en accès libre, ne fonctionne pas. Il conviendrait de s'inspirer davantage des dispositifs de transfert réussis pour diffuser ces connaissances et compétences nouvelles en les intégrant dans une actualisation des process de production. Cette évolution des méthodes de travail passera, selon son envergure, par des dispositifs pédagogiques adaptés.

D'autres occasions de départs « peu anticipés » peuvent se présenter, et susciter des actions rapides de *knowledge*.

Et maintenant…

Notre volonté dans ce livre est bien de montrer à travers l'exemple du transfert tout l'intérêt qu'ont les entreprises à mieux considérer la question de la reconnaissance du travail et des compétences. Cette reconnaissance ne peut être efficace qu'au plus près des acteurs, sur leur terrain, et en les impliquant eux-mêmes dans sa construction.

Au sein des dispositifs de transfert, les transférants sont amenés à agir avec d'autres, et, peu à peu, à réfléchir avec eux à l'efficacité de leurs actions, de leurs gestes et de leurs réflexes, qui jusque-là ont souvent pu leur paraître banals, et qui soudain apparaissent comme un des éléments critiques de la performance de l'entreprise. Par conséquent, ces dispositifs sont souvent ressentis, dans l'entreprise, comme une forme réelle de reconnaissance des compétences des salariés expérimentés qui ont su déployer intelligence et habileté dans leur travail.

À l'heure où l'on s'inquiète de l'accroissement des signes de souffrance au travail et des plaintes des salariés quant au manque de reconnaissance, les enseignements issus du transfert de compétences méritent d'être pris en compte et déclinés dans l'ensemble des secteurs professionnels.

Certains politiques parlent aujourd'hui de créer un nouveau « contrat de générations » appuyé par l'État, qui aurait pour ambition de favoriser à la fois une réduction du chômage des jeunes et un allongement de la vie active des seniors[1].

Cette réflexion mérite d'être approfondie[2], mais elle présente *a priori* de nombreux avantages en relation avec les ambitions de valorisation de l'expérience et des compétences, d'échange entre les générations, de maintien dans l'emploi des uns et d'intégration dans l'emploi des autres.

Cependant, il ne peut s'agir de reproduire la pédagogie du compagnonnage, qui date d'un autre âge et ne peut pas s'appliquer à des organisations de travail moins stables qu'auparavant et faisant davantage de place à la productivité, à la réactivité et à l'innovation, dans un environnement culturel et social en pleine évolution.

La réussite qualitative[3] d'un tel contrat implique la mise en place de conditions favorables à la transmission. Plusieurs sujets méritent d'être étudiés préalablement :

- la nature des emplois concernés : ils doivent être proches du cœur du métier de l'entreprise ou tout au moins être reconnus comme nécessaires à son développement ;

---

1. Contrat des générations et paix sociale, par Faouzi Lamdaoui, conseiller de François Hollande à la primaire et ancien secrétaire national à l'égalité du Parti socialiste (Point de vue, Lemonde.fr, 15 août 2011) : « *Le contrat de générations au sein des entreprises […] se donne un objectif global, à la fois économique, social et culturel, pour tisser le lien entre les travailleurs au faîte de leur carrière et les jeunes en mal d'emploi. Dans ce dispositif, les employeurs, moyennant une dispense des cotisations sociales pour les emplois concernés pendant trois ans, s'engagent à conserver les seniors dans l'emploi leur permettant ainsi d'acquérir des droits supplémentaires à la retraite. Chaque senior prendra ainsi en charge un jeune de moins de vingt-cinq ans pour lui apprendre les techniques de la profession selon la pédagogie éprouvée du compagnonnage.* »
2. Notamment sur la question de son financement et de son effet réel en termes d'embauches par rapport aux déductions qui existent déjà. Sur ces deux points, nous ne possédons pas l'expertise nécessaire pour nous prononcer.
3. Il ne s'agit pas ici de mesurer le succès en nombre d'emplois de la mesure de déduction fiscale, mais sa performance en termes d'accès à la professionnalisation.

- la réalité et la reconnaissance de l'expertise ou de la valeur professionnelle du salarié senior ;

- l'implication de l'encadrement, qui doit être convaincu de l'importance du maintien des compétences ;

- l'existence pour les jeunes de réelles perspectives d'intégration, de mise en œuvre de leurs apprentissages, et donc d'accès progressif à une autonomie de plus en plus grande ;

- la maîtrise par les jeunes des prérequis indispensables à l'acquisition des compétences professionnelles complémentaires – si l'on est d'accord sur le principe selon lequel il ne peut s'agir de simples dispositifs de socialisation, mais bien de dispositifs de professionnalisation ;

- la construction d'une relation de confiance entre le senior et le jeune salarié. Cette relation équilibrée implique d'accéder à un modèle non hiérarchique, et ce malgré une tendance spontanée à reproduire une relation de type « maître/élève » ;

- l'intérêt avéré du jeune pour le métier sur lequel porte le contrat. Cet intérêt est souvent lié à l'organisation et aux conditions d'exercice du travail. Les représentations sur la valeur du métier ont aussi leur importance : un métier dévalorisé ou peu considéré ne sera pas attractif ;

- un cadre de mise en œuvre défini pour chaque entreprise, avec des modalités adaptées à la spécificité de ses emplois et de ses relations sociales. Le respect du cadre est généralement perçu comme le signe de l'intérêt que porte l'entreprise au dispositif dans son ensemble.

Vos réflexions, vos expériences, vos questions nous intéressent. Pour entrer en contact avec les auteurs, utilisez l'adresse suivante : transfertdecompetences@gmail.com

Bibliographie

« Le transfert intergénérationnel des connaissances », *Téléscope* vol. 16, n° 1, hiver 2010, ENAP du Québec.

Actes du colloque « La transmission des savoirs d'expérience de santé-sécurité », organisé par l'Anact le 1er décembre 2009, téléchargeables sur : www.anact.fr/web/dossiers/ages-genre-pluralite/transfert-savoir-faire

ALAVI M., LEIDNER D. E., « Knowledge Management and Knowledge Management Systems: Conceptual Foundations and Research Issues », *MIS Quarterly*, 25(1), 2001, 107-136.

ALTER Norbert, *Donner et prendre : la coopération en entreprise,* Éditions La Découverte, 2009.

ASTIER Philippe, CONJARD Patrick, DEVIN Bernard, OLRY Paul, *et al.*, *Acquérir et transmettre des compétences, une étude conduite auprès de dix entreprises,* Éditions de l'Anact, collection « Études et documents », 2006, p. 17-18.

BALLAY, Jean-François, « Les Paradoxes de la transmission et de l'apprentissage dans un monde radicalement incertain », *Télescope,* vol. 16, n° 1, 2010, p. 1-20.

COHEN W. M., LEVINTHAL D. A., « Absorptive capacity: A new perspective on learning and innovation », Administrative Science Quarterly, 35, 1990, 128-152.

CONJARD Patrick, CASER Fabienne, *Transfert des savoir-faire d'expérience, enseignements liés au suivi et à l'évaluation d'un projet FSE de l'OPCA Forcemat,* Éditions de l'Anact, collection « Études et documents », 2009.

CONJARD Patrick, Monographie d'entreprise KP1, site industriel de Pujaut, Étude ATCO ANACT, avril 2005.

DE VINCI Léonard, *Traité de la peinture,* traduction d'André Chastel, Berger-Levrault éditions, 1987.

Emploi-pro.fr (13 janvier 2009).

Focusrh.com (11 décembre 2008).

GUÉRIN Serge, FOURNIER Gérard, *Le Management des seniors,* Eyrolles, 2009.

GUÉRIN Serge, *Vive les vieux !* Michalon, 2008.

Imerys News, #19 Spring 2009.

KAHNWEILER Daniel-Henry, « Huit entretiens avec Picasso », *Le Point,* octobre 1952.

KP1 Impact, 1er trimestre 2008.

La lettre Émerite, 2003.

La-croix.com (24 novembre 2009).

LAGACÉ Martine, BOISSONNEAULT Marie-Ève et ARMSTRONG Todd, « La cohabitation intergénérationnelle au travail : des questions de perceptions intergroupes et de transfert des connaissances », *Télescope,* vol. 16, n° 1, 2010, p. 193-207.

LAMARI Moktar, « Le transfert intergénérationnel des connaissances tacites : les concepts utilisés et les évidences empiriques démontrées », *Télescope,* vol. 16, n° 1, 2010, p. 39-65.

LAPLANCHE Jean, PONTALIS Jean-Bertrand, *Le Vocabulaire de la psychanalyse,* Paris, PUF, 1967.

Laprovence.com (28 avril 2008)

LE BOTERF Guy, *Construire les compétences individuelles et collectives,* Éditions Eyrolles, 2010.

LE BOTERF Guy, *De la compétence à la navigation professionnelle,* Paris, Éditions d'organisation, 1997.

Lemarchedesseniors.com (3 février 2011).

Lemonde.fr, Point de vue, 15 août 2011.

Lemoniteur.fr (22 avril 2008).

MENGER Pierre-Michel, *Le travail créateur. S'accomplir dans l'incertain,* Paris Gallimard-Seuil, « Hautes études », 2009.

Metiers-tv.fr

NONAKA Ikujiro, « A Dynamic Theory of Organizational Knowledge Creation », *Organization Science,* 5(1), 1994, 14-37.

OLRY Paul, THERRY Patricia, *La Transmission des savoir-faire de prudence « De la règle à l'instrument »,* note de synthèse projet RACINE – Anact, décembre 2009.

POLANYI Michael, *The Tacit Dimension,* Londres, Routledge & Kegan Paul, 1966, p. 4.

REYNOLDS sir Joshua (1723-1792), *Discours en art,* VI, 1774.

RIOUX Martine, « Le secret est dans le mentorat ! », *Capital-Québec,* février-mars 2009.

ROUCHY Jean-Claude, *Le Groupe, espace analytique,* Toulouse, Érès, 2008.

SARTRE Jean-Paul, *Qu'est-ce que la littérature ?* Collection Gallimard « Folio », 1948, p. 46-47.

SQUIRE L. R., « Memory Systems of the Brain: a Brief History and Current Perspective », *Neurobiol Learn Mem* 82, 2004, 171-177.

TASKIN Laurent, VAN BUNNEN Gabriel, « Du transfert au partage », *La Libre Entreprise,* 14 août 2010, p. 8.

Transmission des compétences et organisation du travail, Anact, avril 2007.

Usinenouvelle.com (13 janvier 2009)

WARZEE Claire, *Le papy-boom n'explique pas tout,* pôle Emploi-Population, Insee (Institut national de la statistique et des études économiques).

WINNICOTT D. W., *Jeu et réalité,* Paris, Gallimard, 1975.

www.mentoratquebec.org.

ZARIFIAN Philippe, Conférence débat du 8 avril 2010 à l'Association des professionnels en sociologie de l'entreprise.

ZARIFIAN Philippe, *Le Travail et la compétence : entre puissance et contrôle,* Éditions PUF, collection « Le travail humain », 2009.

ZARIFIAN Philippe, *Le Modèle de la compétence, trajectoire historique, enjeux actuels et propositions,* Éditions Liaisons, 2004.

ZARIFIAN Philippe, *Objectif compétence,* Éditions Liaisons, 1999.